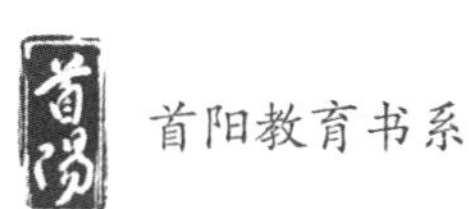

高校体育教学改革与发展研究

屈忆霞 著

陕西师範大學出版总社 西安

图书代号 JY24N2081

图书在版编目（CIP）数据

高校体育教学改革与发展研究 / 屈忆霞著. -- 西安 : 陕西师范大学出版总社有限公司, 2024. 8. -- ISBN 978-7-5695-4698-9

Ⅰ. G807.4

中国国家版本馆 CIP 数据核字第 2024DC3709 号

高校体育教学改革与发展研究

GAOXIAO TIYU JIAOXUE GAIGE YU FAZHAN YANJIU

屈忆霞 著

出 版 人 刘东风
出版统筹 杨 沁
特约编辑 韩 金
责任编辑 冯晨旭 温彬丽 张 翠 宫 敏
责任校对 王 婉
封面设计 知更壹点
出版发行 陕西师范大学出版总社
（西安市长安南路 199 号 邮编 710062）
网 址 http://www.snupg.com
印 刷 河北赛文印刷有限公司
开 本 710 mm×1000 mm 1/16
印 张 11.5
字 数 230 千
版 次 2024 年 8 月第 1 版
印 次 2024 年 8 月第 1 次印刷
书 号 ISBN 978-7-5695-4698-9
定 价 60.00 元

作者简介

屈忆霞，女，生于1982年3月，辽宁省辽阳市人，毕业于北京师范大学体育教育训练学专业，硕士研究生学历。现任职于燕山大学，担任高校体育教育教学工作，副教授。近年来，主持河北省教育科学规划课题、河北省高等学校人文社会科学研究项目、河北省社会科学发展研究课题多项。

前 言

高校体育教学改革与发展是高校体育教育事业中的重要议题，也是提升学生综合素质和实现体育教学目标的关键环节。体育教学改革是适应时代发展和教育需求变化的必然选择，它意味着对传统的教学内容、教学方法、教学模式和评价体系等进行革新和完善，以更好地适应学生发展的需求和社会的变化。基于此，本书对高校体育教学改革与发展的问题进行了研究。

全书共六章。第一章为绪论，主要阐述了高校体育教学的特征、高校体育教学的原则、高校体育教学的功能、高校体育教学改革的意义等内容；第二章为高校体育教学内容的改革与发展，主要内容包括高校体育教学内容概述、高校体育教学内容存在的问题、高校体育教学内容的改革策略、高校体育教学内容的发展趋势等；第三章为高校体育教学方法的改革与发展，主要内容包括高校体育教学方法概述、高校体育教学方法存在的问题、高校体育教学方法的改革策略、高校体育教学方法的发展趋势等；第四章为高校体育教学模式的改革与发展，主要内容包括高校体育教学模式概述、高校体育教学模式存在的问题、高校体育教学模式的改革策略、高校体育教学模式的发展趋势等；第五章为高校体育教学评价的改革与发展，主要内容包括高校体育教学评价概述、高校体育教学评价存在的问题、高校体育教学评价的改革策略、高校体育教学评价的发展趋势等；第六章为高校体育教学与信息技术的融合发展，主要阐述了高校体育教学与信息技术融合发展的内涵、高校体育教学与信息技术融合发展的模式、高校体育教学与信息技术融合发展的策略等内容。

为了确保研究内容的丰富性和多样性，作者在写作本书的过程中参考了大量研究文献，在此向相关的专家学者表示衷心的感谢！

由于作者水平所限，书中难免会有不到之处，恳请广大读者批评指正！

目 录

第一章 绪 论

高校体育教学改革与发展是指在高等教育机构中对体育教育进行改革和发展的过程。随着社会的进步和人们健康意识的提高，高校体育教育面临着新的需求和挑战。传统的体育教学侧重体育技能的训练，现在的体育教学越来越注重学生的全面发展和身心健康的培养。本章围绕高校体育教学的特征、高校体育教学的原则、高校体育教学的功能和高校体育教学的意义展开，为后文的研究奠定理论基础。

第一节 高校体育教学的特征

一、高校体育教学内容的特征

（一）体育运动知识传承的可操作性

首先，体育运动知识传承的载体包括体育课程、体育类书籍、网络课程和体育活动等，这些载体都能够有效地传承体育运动知识，帮助学生学习和掌握体育运动技能。

其次，体育运动知识传承的方式具有可操作性。体育运动知识传承的方式包括高校体育课程、社会体育培训、线上体育课程等，这些方式都能够实现体育运动知识的传承，帮助学生学习和掌握体育运动技能。

最后，体育运动知识传承的实践具有可操作性。例如，在高校体育课程中，可以通过组织体育比赛、运动会等活动，让学生在实践中学习和掌握体育运动技能；在社会体育培训中，可以通过组织培训课程、训练营等活动，让人们在实践中学习和掌握体育运动技能；在线上体育课程中，可以通过视频教学、在线互动等方式，让学生在实践中学习和掌握体育运动技能。

（二）以传授体育技术和知识为主要内容

首先，体育技术是体育教师的主要教学内容之一，同时也是学生需要学习和掌握的重要技能。通过学习和练习，学生可以培养良好的体育素养和运动能力，增强身体素质和提高健康水平。在反复的学习与练习中，学生需要充分了解和掌握所学技术的要领和细节，不断地进行实践和反思，逐步提高技能水平。同时，体育教师也需要给予学生正确的指导和技术示范，帮助他们更好地理解和掌握技术要领。

除学习和练习外，学生还需要注重身体素质的训练和提高。只有具备了良好的身体素质，才能够更好地掌握各种体育技术和技能，更好地进行体育锻炼和健身活动。

其次，体育知识在学生体育学习中具有重要的作用，可以为身体锻炼提供科学指导。在高校体育课程设置中，体育技术通常占据较大的比例，但体育知识也不容忽视。

体育知识包括体育理论、运动生理、营养健康等，这些知识可以帮助学生了解身体的生理机制和运动规律，指导他们科学地进行体育锻炼。例如，学生可以通过学习运动生理学知识，了解如何合理安排运动强度和时间，避免运动损伤；通过学习营养健康知识，了解如何合理安排饮食和休息，以获得更好的锻炼效果。

与文化课程教学相比，体育课程教学更加注重技术和技能的传授。这是因为体育技术和技能是直接用于锻炼身体、提高身体素质的，对于学生的身体健康成长具有更为直接的影响。同时，体育知识的学习也有利于促进学生对体育技术的理解和掌握，提高他们的运动水平和兴趣。

综上所述，体育知识是学生体育学习的重要组成部分，通过学习体育知识，学生可以更加科学地进行体育锻炼，促进身体健康成长。在高校体育课程设置中，体育技术内容和体育知识内容应该相互配合、协调，以充分发挥体育教学的综合效益。

（三）内容编撰的制约性

体育教学内容不仅包括体育理论知识内容，还包括身体锻炼内容和体育运动项目内容，各内容在教学中所占比重的多少，都将受到体育教学目标和教学时间制约。另外，虽然体育教学内容中有些运动内容之间逻辑性不是很强，但这些内容也不能随意编撰，不仅要考虑内容的功能与价值，也要考虑学生的身心特点，还要切合当地和本校的实际情况。

1. 体育教学目标的制约

教学目标是教学内容选择的依据，不同的教学目标需要不同的教学内容与之相对应。例如，如果教学目标是提高学生的身体素质和运动技能，那么身体锻炼内容和体育运动项目内容应该占据较大的比重；如果教学目标是培养学生的体育兴趣和健康意识，那么体育理论知识内容和运动健康知识应该占据较大的比重。

2. 教学时间的制约

由于体育课程的时间有限，因此教学内容的选择必须考虑到时间的限制。如果教学时间比较充裕，可以安排更多的教学内容，如多个体育运动项目、身体锻炼活动等；如果教学时间比较紧张，就需要精选一些比较重要的内容进行教授。

（四）体育内容的审美情感性

高校体育课程教学之美最直观地展现在运动进行时，教师与学生的身体形态美和运动美。通过锻炼和塑造，教师和学生的身体线条及比例对称呈现美感。同时，在运动的律动中，人体的动态美也得以展现。这些是直观的外在美。另外，在运动过程中，人体所展现的精神美同样令人赞叹。例如，为了达成高校体育课程的目标，学生需要克服生理和心理的障碍。在这个过程中，他们展现出的礼貌、谦逊和谦虚等优秀品质，都为运动增添了更多的精神美感。

高校体育教学活动不仅展示了人体美和精神美，还体现了高校体育教学内容的审美性。一方面，学生通过接受体育教学，掌握体育健身的方法和技能，达到运动塑身的效果，使身体外在形态保持优美的线条和良好的身材比例。另一方面，学生通过练习不同运动，可以认识到人体不同的动作展现出的动作美和肌肉的动态美，这种美只有在运动中才能看到，是极为外显的美。通过体育教学中对美的感受，学生可以提高审美能力。既然有美的存在，那么就需要有欣赏美的人和能够欣赏美、懂得如何欣赏美的能力。

每个运动项目都以独特的方式展现审美特征和美学符号。球类运动不仅可以展示个人的运动优势，还有助于培养群体的互助、协调和合作等人际素养；田径运动则突显了永不言败的豪气，让个人的运动才能得以充分展现。这些经验总结是前人的智慧，经过教师的提炼和传授，帮助学生感知并获得身心健康的全面发展。此外，作为一项社会活动，高校体育教学活动具有一定的创造性。教师与学生共同营造的教学情境在精神上给人以启迪，令人回味无穷。

（五）技能学习的重复性

现代体育教学旨在通过身体练习促进学生的身体、心理和社会适应能力的共同发展。体育教学以身体练习为主要手段，通过科学合理的锻炼，学生能够提高身体素质、增强体能、提高运动技能。技能学习是体育教学的重要学习内容，学生需要学习和掌握各种运动技能，如跑、跳、投、抛等基本技能，以及各种运动项目的专门技能。学生对运动技能的掌握必须经历一个不断重复的过程，通过反复的练习和实践，逐渐提高技能水平，达到熟练程度。现代体育教学不仅关注学生的身体健康，还注重学生的心理健康。教学中会涉及心理训练的内容，如意志力培养、自信心建立等，以帮助学生提高心理素质。现代体育教学还注重培养学生的社会适应能力，通过团队合作、规则遵守等实践，学生可以培养社会责任感和团队合作意识。

体育运动项目的运动技能形成具有阶段性和规律性。运动技能形成大致要经历这样一个过程：练习分解动作—练习连贯动作—独立完成连贯动作—熟练完成连贯动作。学生要想熟练掌握运动技能，需要经过长期的反复练习。无论是掌握篮球、足球、排球运动中的复杂技能，还是学习体操中的滚翻、田径中的跑等技能，学生都需要经历由不会到会、由简单初步学习到复杂深入学习、由不熟练到熟练的发展过程。在此过程中，高校体育教师要严格遵循循序渐进原则，逐步指导学生掌握各种运动技能，根据不同运动技能的特点，合理安排练习内容和时间，通过反复练习，促进学生运动技能的掌握与提高。

二、高校体育教学模式的特征

（一）体育教学过程的直观形象性

体育教学过程具有直观形象性。这种直观形象性主要体现在教学内容讲解、动作技能示范和教学组织与管理三个方面。

1. 教学内容讲解的直观形象性

简而言之，教学内容讲解的直观形象性就是讲解清楚、简单明了、容易理解。具体来说，体育教学过程中，教师讲解体育教学内容，不仅要达到与其他学科教师讲解要求一致，还要求体育教师的语言更加生动，并且富有一定的肢体表现能力，使学生有形象、贴切、有趣的感觉。

尤其是在某些拥有较难技术动作的体育运动教学中，教师不仅要对体育教学重点进行详细描述，还要用生动、形象的语言对复杂的技术动作进行简单化的讲解，以提高课堂教学效果。

2. 动作技能示范的直观形象性

身体练习是体育教学过程的主要内容形式，学生对动作技能的接触最初是通过教师的动作示范来实现的。在教学中，为了加深学生的理解和认识，教师有必要进行动作示范和实践演示。

在教师运用示范法时，需要运用非常直观形象的动作示范，其中包括正确动作的演示和错误动作的演示，这些演示都是非常直观地展现在学生眼前的，不能有任何的艺术加工和变形，这样才会使学生从感官上直接感知动作的正确与错误，以利于他们建立正确的、清晰的运动表象。当学生建立正确的动作表象后，再配合教师的讲解，使之与思维相结合，学生才能更加准确地掌握相关体育知识、技术及技能。

3. 教学组织与管理的直观形象性

高校体育教学中，师生之间的互动比其他任何学科都要频繁和广泛，体育教师对整个教学过程的组织与管理学生都深入其中。教师与学生接触更多，学生对体育教学组织和管理的观察与体会更加直观。

在师生活动中，教师的言行举止对学生的身心是一种无形的教育，有利于把控教学过程，为学生创造轻松的教学环境，使学生表现出他们最为真实的一面，也有利于体育教师获得正确的教学反馈。教学组织与管理的直观形象性要求体育教师重视良好教学环境的创设、促进师生关系的融洽，使教学过程更加科学合理。

高校体育教学管理与组织的过程充分展现出直观形象性。学生的行为是直接、外显和易于观察的。因此，体育教师的一言一行能够发挥榜样的作用，在无形中对学生的身心进行教育。这种教育以直接、真实和明显的方式表现在课堂上，尤其是在学习活动和运动开展的过程中。学生会将其最真实的一面通过言行表现出来，此时是体育教师进行观察、提供帮助和给予反馈的最佳时机。

（二）学生身心合一的统一性

身体健康与心理健康是现代健康新理念中关于健康的两个重要方面，两者之间有着密切的关系，具体体现在身体健康有助于改善心理健康，而心理健康对身体健康具有重要的影响作用，身体发展是基础，心理发展是依赖，二者是相互影响、相互促进的关系。因此，体育教学强调促进学生的身心共同发展。在其他一般学科的教学中，更多的是重视学生的智力发展和心理塑造，在身体发展方面存在着一定的局限性，更难以实现身心发展的统一。

体育对人自身自然的改造，不仅是形态结构与生理机能的统一，还是身与心的统一。高校体育教学要在追求学生身体改造的同时，注重学生无形的心理发展。因此，体育教学要善于营造不同于智育教学的、生动活泼的教学气氛，为学生的心理健康发展提供良好的环境。要善于利用体育活动自身所蕴含的吸引力，并通过合理的教学组织，使这种吸引力倍增。

体育教学应该是一种快乐的教学，重过程的主动参与、重情绪的积极体验、重个性的独立解放，使人际关系宽松和谐，使学生在轻松愉快的环境中、在欢快愉悦的心境下，自由自在、无忧无虑、不知不觉地获得身心的健康发展。体育教学中，学生身心合一的统一性体现在以下三个方面。

第一，体育教学内容的选择应符合学生的身心健康状况，使学生通过教学过程中的知识学习、身体练习与情感体验，获得身心的健康发展。在选择体育教学教材时，不仅要注重教材对学生身体各部分、各种运动能力和各种身体素质的积极影响，还要注重教材对学生心理的影响，尽可能从心理学、美学和社会学方面使学生得到良好的体验，在完成动作的过程中，不知不觉地感受成功的愉悦。

第二，体育教学的组织教法必须克服一体化的固定模式，符合体育教学实际，要遵循与学生年龄段相适应的身心变化规律，根据学生的这些身心特点安排教学，以促进学生身心共同发展，体现体育教学生动活泼的教学形式，让学生活动得更自由、更自在、更开心、更充分，从而达到身心和谐和内外兼修的目标。

第三，在注重学生生理负荷起伏变化的同时，还要注重心理活动起伏变化的规律。在体育教学中，学生的身心同时参加活动。在反复的动作和休息交替的过程中，学生的生理机能变化有一般的规律：当进行练习时，生理机能开始变化，生理机能水平开始上升；达到一定水平后，保持一定时间，然后开始下降。在一定范围内，由于练习与休息进行合理的交替，因此学生的生理机能变化呈现出一种波浪式的曲线。与此相适应的，学生的心理活动也呈现出高低起伏的曲线变化。这种生理、心理负荷波浪式的曲线变化规律，体现了体育教学鲜明的节奏性和身心的和谐统一。

（三）体育教学过程的教育性

第一，在体育教学中组织每一项活动，均有一定的目的任务、组织原则、规则要求、需要学习和掌握相应的动作技术，以及克服各种各样的困难等，这些是构成体育环境的基本因素。学生在这一环境中进行学习、锻炼或参加比赛，就会受到直接的影响。同时，体育环境还包括教师使用的教材、采用的教学方法、教学环境、教学条件、学校传统和班级风气等，这些都会有力地吸引、潜移默化地教育与之有关的人；提供了许多学生乐于自愿接受，更多情况下是不知不觉接受的、有利于个性品质形成的机会和情境，并可促进良好的思想品德和个性品质迁移到学习、生活和工作等各个方面去。

第二，在体育教学中，学生的思想感情和作风很容易自然地表现出来。这有利于教育者把握学生的思想实际和特点，从而对他们进行有针对性的教育。体育教学中，进行思想品德教育的内容是极其丰富的，主要包括培养热爱集体的情感和意识，培养团结友爱、关心他人、互助合作的思想和意识，培养坚忍不拔、勇敢顽强、机智果断的优良意志品质等。

（四）教学活动多样化

在文化课教学中，学生主要通过思维活动对教学内容加以掌握，而体育课教学与文化课教学的不同在于，学生除了要动脑，还要亲身参与活动，即除了参与思维活动，还要进行身体活动。

在身体活动中，通过肌肉感觉，向中枢系统传递信息，经过大脑的分析与综合，从而在理性上认识体育技术和技能。如果缺少必要的身体活动，学生是无法对体育教学内容加以掌握的，尤其不可能掌握技术技能类教学内容。

在体育活动过程中，学生的身体反复受到各种条件刺激，从而建立起条件反射，对体育技术加以掌握。在这个过程中，学生不但能够学习体育技术，而且能够锻炼身体、增强体质、提高健康水平。在高校体育教学中，学生不可避免地要做一些身体活动，这有利于其身体、心理的发育和成长，有利于其保持充沛的精力。

高校体育教学以集体教学为主，但因为学生性别、性格、身体素质、活动能力等方面的差异，再加上体育教学容易受客观环境的影响，所以组织形式必须多样，从而满足不同学生的需求，适应不同学生的特点，进而提高教学效果。在高校体育教学中，体育教师要善于运用社会学、教育学、生理学、心理学等多学科知识精心组织体育课，从而使体育教学过程与教学规律的要求相符。

三、高校体育教学环境的特征

（一）教学环境的开放性

体育教学环境的开放性表现在教学场地和教学情境两个方面。一方面，我国各级院校的体育教学目前以体育实践课为主，体育教师组织的体育课大多在操场进行。与其他学科主要在封闭的教室、实验室等地方开展教学活动不同，体育教学的教学空间富有变化性，环境更加开放。另一方面，在体育教学情境设置中，师生之间的关系和互动非常灵活多变，只要有利于促进学生身心发展，任何一种教学情境都可以尝试。

体育教学环境的开放性决定了体育教学具有不同于其他学科的室内教学和以教师的讲解为主的教学模式，其教学过程具有更多的不确定因素。因此，在体育教学过程中，教师应注意以下几点。

首先，室外教学意味着体育教学受到的干扰因素较多，如天气、地形、周边设施与噪声等，体育教学的组织管理工作就会更加复杂，需要精心设计与统筹安排体育教学的组织形式、教学步骤与方法。

其次，室外体育教学是一个动态过程。教学过程中，班级内学生较多，并且大部分教学时间学生处在不断变化与形式多样的运动中，因此教师对学生的管理是动态的，应多采取分组教学并需要班干部和体育骨干的协调配合。

最后，体育教学活动中需要使用多种体育器材和设施，由于不同学生的技术水平不同，并且在使用器材设备时会有不同的习惯，再加上一些器材设备本身质量差或磨损严重，教学中充满了各种不确定因素，因此体育教师要格外重视教学的安全性。

（二）客观外界条件的制约性

相比于其他学科的教学，高校体育教学存在一个特殊之处，即其教学效果更容易受到各种外部因素的影响和实际客观条件的限制。这些因素包括但不限于学生的性别、年龄、生理特点、心理特点、体质强弱和运动基础，以及体育场地、设施、气候等条件。这些因素都会对高校体育教学质量产生不同程度的影响。

从高校体育教学对象的层面来看，教学应当充分体现教育的全面性。在运动基础上，应对不同水平程度的学生采取差异化的教学策略。同时，教师还需要根据学生的性别、年龄、生理特点、心理特点和体质强弱等方面的实际情况进行区别对待。例如，男女学生在机能水平、身体形态、运动功能和运动素质等方面存在明显的差异，因此教师在教学选择、教学设计和教学组织等方面应充分考虑这些差异。如果忽视这些特点，盲目进行教学，可能会导致体质增强的教学目标难以实现，并增加学生在运动过程中的安全风险。

从高校体育教学环境的层面来看，由于室外存在诸多影响因素，如空中的异响、马路上的车声等，学生的注意力容易被分散。此外，还有一些不可控因素（如天气等），都会对高校体育的教学过程造成干扰。同时，体育课程教学对体育场地、器材设施和客观气候条件等方面有较高的要求。因此，体育教师在制订学年高校体育教学计划和课时具体计划、选择教材内容、实施教学组织方法时，都应充分考虑上述影响因素，尽量减少各种因素的干扰，提高高校体育教学效果与质量。此外，体育教师还可以利用自然条件，培养学生适应环境的能力。

从高校体育教师的层面而言，教师是体育教学活动中一个非常重要的参与者。体育教师的教学能力、对教学方法的熟悉程度、体育教学组织和管理能力都对整个体育教学产生影响。对于体育教学来说，这也是一种重要的制约。

高校体育教学的顺利开展必须摆脱不利于体育教学条件及构成教学条件的各因素的影响。因此，体育教师就要在制订学年的体育教学计划到具体课时计划时，在进行教材内容选择与教学组织实施中都必须考虑到这些客观实际与影响因素，结合教学实际，科学选择体育教学内容、方法和组织形式，并充分结合自身特点与条件，促进体育教学的顺利进行，以实现体育教学目标和教学任务。

第二节　高校体育教学的原则

“原则”一词通常指观察问题、处理问题的准绳，因而在教学论中，通常把教学原则定义为对教学的基本要求和指导原理。教学原则对整个教学过程都起着指导作用：第一，教学原则是指导教学活动的出发点，教师要根据教学原则来设计整个教学过程；第二，教学原则是实施教学的总调节器，在整个教学进程中，教师要以教学原则来调节、控制教学活动；第三，教学原则是判断教学质量的基本标准，从根本上来说，教学质量的高低就看教学原则贯彻得如何。因此，每个教师和教学管理者都必须掌握教学论所确定的一系列教学原则。

高校体育教学原则是实施体育教学最基本的要求，是保持体育教学性质的最基本因素，是判断体育教学质量的基本标准，是体育教学过程中必须遵守的准则或标准。作为体育教学工作的指导原理和基本要求，体育教学原则对体育教学工作具有指导作用。在体育教学过程中，体育教学原则既是出发点，又是调节中枢。它在一定程度上具体决定着教学内容的安排、教学方法的选择和教学组织形式的运用。学习和掌握体育教学原则，能使教师按照体育教学的客观规律组织教学活动，正确解决教学内容、教学方法和教学组织形式等一系列理论与实践问题；遵循体育教学原则进行体育教学，就能提高体育教学质量，反之，就会降低教学效果，甚至劳而无功。体育教学原则作用的发挥，不是某个原则所能单独完成的，而是需要一个完整的体育教学原则体系以发挥整体功能。只有建立一个科学完整的体育教学原则体系，才能发挥体育教学原则对整个体育教学过程的指导作用。以下为高校体育教学的具体原则。

一、因材施教原则

高校体育教学活动应围绕教学对象合理展开，不同学生之间具有共性与特性。共性体现在身体年龄阶段发育的稳定性和普遍性；特性则是每个学生的性别、遗传、生长环境、教育水平、认识能力、身心发展等各方面存在差异，而具体到学生具备的体育运动能力的话，这种差异性就可能更加明显，如在热爱运动的家庭中成长起来的学生，其受父母影响，从小就喜欢参与体育运动或参加业余体育训练，他们的运动水平会比同龄人的平均水平高一些。因此，体育教学中应重视不同学生及同一学生在不同学习阶段的差异，做到因材施教。

在高校体育教学实践中，贯彻因材施教原则要求教师做到以下几点。

第一，深入细致地研究和了解学生之间的差异。具体来说，教师可以在学期前进行一些测试或座谈交流，弄清不同学生在身体条件、兴趣爱好和运动技能等方面的差异。此外，教师应认识到学生个体差异的变化和发展规律，如有些学生在一开始的测评中被认为没有很好的运动天赋，但是其本人非常热爱体育运动，在平时的课堂上也非常积极地配合教师完成各种教学内容，慢慢地就会有突飞猛进的进步，对此，教师要有长远的眼光，重视学生的长期发展。

第二，引导学生正确对待与同伴之间的差异。差异的存在，如果利用得当，还是一个教育鼓励学生之间互相帮助，培养团队意识和集体精神的好方法。学生之间的运动天赋和对体育的了解各有不同，教师应在充分了解学生个体差异性存在的基础上，向学生讲解个体差异的存在，并引导学生正确看待差异。差异的存在是客观的，这并不能成为歧视天赋较差的学生的理由，同时教师也不能过分偏爱天赋较好的学生。

第三，针对不同学生选择相应的教学方法。在高校体育教学中，有些项目是不能根据“等质分组”来处理区别针对性教学问题的。因此，教师面对这种情况时就要运用其他方法来对待个体差异性，如安排“定点投篮”等，以便使那些在某些项目中没有任何特长的学生也能对体育产生兴趣，而不是成为体育课堂的“局外人”。体育教师应让每一个学生都能参与体育教学活动，体验运动的快乐，并在此基础上获得提高。

第四，重视个体差异性与统一要求的有机结合。每一个阶段的学生都有其应达到的教学目标要求，这是经过诸多专家和学者研究而确定下来的，不能因为某一个学生的特殊性而不要求其达到该标准。学生的个体差异是客观存在的，教师应在教学中充分重视这一点，但是体育教师也要立足于整个班级的教学，对学生统一要求，以促进学生完成教学任务，达成体育教学目标。学生的差异性应是在统一教学目标实现的基础上，不同的学生有不同的更进一步的发展。

二、可操作性原则

可操作性原则，即体育教学设计方案具备实用高效、便捷低耗等特点。要遵循这项原则，必须从以下几方面入手。

（一）体育教学设计要与教学环境相适应

体育教学设计应当考虑实际的教学环境，再先进的教学理论和再高超的教学手段也无法在不适当的教学环境下发挥作用。一些体育教学设计方案可能预期美好，而若是在实际过程中大量占用教学资源，大量消耗人力、物力和财力，就不能说是一个具有可操作性的设计方案，还可能会起到适得其反的作用，应该予以修正。

（二）体育教学设计要讲求实效

体育教学设计是对体育教学实践的一种方向性指导，其最终还是要应用于实践并从实践中检验其正确与否。因此，体育教学设计应务实，讲求实效，不管其形式简单还是新奇多样，都必须要追求优质的教学效果。

（三）体育教学设计中要考虑学生实际

体育教学设计最终服务于学生发展，因而学生的实际情况和需求是其必须重点考虑和关注的问题。对此，在体育教学设计中切忌生搬硬套体育教学相关教材和素材等固定模式与案例，应深入、仔细分析体育教学背景，制订出与高校、班级教学相辅相成的教学目标，安排与教学条件适应的、实用的且适量的教学内容，合理控制教学内容的难度，使其符合学生基础，使学生能够从知识学习中获得成功体验和乐趣。

（四）体育教学设计要在实践中不断完善

体育教学设计应不断付诸实践，在实践中得到检验并逐渐完善。体育教学并非一开始就是完全理想的，并且不同阶段体育教学设计的要求不同，因而必须要在实践中不断完善，这样才能适应于体育教学发展需求，才能有效提高体育教学质量。

三、自觉积极性原则

自觉积极性原则是指在教师的引导下，充分调动学生学习的自觉积极性，使其发挥学生的主体作用，培养学生学习的主动性和创造性，把认真完成学习任务，变成自觉的行动。它是由教师的教与学生的学的双边活动过程的教学规律决定的。

师生关系是体育教学过程中的一对基本矛盾，矛盾的主导方面是教师。因为教师是教育者，他们有着比较丰富的体育知识、技术和经验，能满足教好学生的需要。在实施教学计划的过程中，教师的教起着主导作用，它不仅表现在对计划的制订和执行上，还表现在对教学过程的调节和控制上。

学生是教学的对象，是知识、技术的接受者，是学习的主体。但是，学生学习的自觉积极性不完全是自发的，还取决于教师的指导、传授、调节和控制。反过来，学生有了学习和练习的自觉积极性，又能主动地自我调节和控制，并与教师的调节和控制协调一致，这样才能保证既定教学目标的实现。因此，在体育教学过程中要把教师的主导作用与调动学生学习的自觉积极性很好地结合起来，这是提高教学质量的根本条件。贯彻和运用自觉积极原则的要求如下。

（一）了解和熟悉学生

教师必须了解和熟悉所教学生的特点和概况，要了解他们爱好什么、需要什么、擅长什么、有什么困难和不足等。这是教师做好体育教学工作的前提。但是，真正做到了解学生是很不容易的。教师对学生要做到全方位的了解，做到这一点的关键在于教师，因为教师是师生关系的主导者，教师不主动去了解和熟悉学生、关心学生，学生就不可能对教师产生信赖。只有做到“知人”“知面”“知心”，才会有调动学生自觉积极性的基础。

（二）发挥教师的主导作用

学生的自觉积极性不完全是自发的，还必须通过一系列的细致工作充分调动起来。因此，要调动学生的积极性，必须发挥教师的主导作用。教师的主导作用不仅仅表现在教学中，如教师通过讲解、示范、组织教学等手段，把学生引导到所教的内容上来，更重要的是给学生提供和创造一种良好的条件，使外因能顺利而迅速地转化为内因，从而调动学生的自觉积极性。

（三）建立民主平等、情感融洽的师生关系

体育教学过程中，教师既要严格要求学生，又要满腔热情地关心与信任学生，

使师生关系融洽和谐。这种良好的师生关系，有利于学生能动地参与体育教学。

（四）注意培养学生学习的内在动力

学生学习的内在动力，是鼓舞和推动学生的内驱力。教师应不断提高教学的艺术性和启发性，培养学生正确的学习动机和兴趣。动机是一切行为的前提，是推动学生学习、锻炼的心理依据。只有使学生形成了正确的学习动机，才能发挥学生的主体作用。

（五）培养学生自学、自练和自评的能力

自学、自练和自评的能力是使学生养成经常参加体育锻炼习惯、培养终身体育锻炼意识的重要基础。在教师主导作用的前提下，要为学生自学、自练和自评能力的培养与发展，创设一个良好的外部环境，放手让学生独立自主地学习与锻炼。

四、健康性原则

健康性原则是指在高校体育教学中必须围绕增进学生健康这一目标来开展教学。从教学内容的确定到体育教材的选编，从教学方法的选择到教学手段的运用，都将渗透这一原则。在高校体育教学中，教学的重点不仅指向学生的身体发展，还指向学生的心理发展与完善，促进学生身心协调健康地发展。过去对体育教学偏重于生物观，现在要从心理学的、社会学的、生物学的角度去全面认识体育教学。贯彻健康性原则的要求如下。

（一）重构高校体育内容

从客观上分析，高校体育包括体育教学、课外体育活动（包括早操、课间操、课外体育锻炼、运动训练和竞赛）等内容，其中体育教学是高校体育的重心。但在实际操作过程中，体育教学组织和评价的复杂性使得高校体育的评价中突出的是运动训练和竞赛这一最具客观性的内容。

因此，高校将重点转移到运动训练和竞赛方面来，与之相适应的各类竞赛活动呼之欲出，本是用来促进高校体育发展的运动会反而成了高校体育发展的阻碍因素，各大高校投入大量的人力、物力和财力来应付各类竞赛活动，高校体育组成部分的体育课，对贯彻健康性原则只能起一个引导作用。运动训练和竞赛不可能照顾到绝大多数学生。因此，高校体育的重心应由体育教学或运动训练转向课外体育锻炼。各级体育行政主管部门应加大这方面的引导和管理力度，从教材选编、组织管理、评价等多方面加以指导。

（二）改变传统的教学模式

无论是哪种形式的体育教学改革，都没有从根本上改变过去那种“传习式”的教学方式，改革的只是教学手段、教学组织形式等方面。要使教学变成“学生要学什么，教师就教什么”这样一种教学模式，高校体育重心应由课堂体育教学转向课外体育活动，学生有更大的自由选择内容、方法、手段的空间。

因此，高校体育教学应为课外体育活动服务。但长期以来，课外体育活动成了课堂体育教学的补充和延伸，严重影响了学生积极参与课外体育活动的主动性。健康性原则要求的对象是学生，而不是教师；贯彻健康性原则体现在高校体育的整个体系中，而不是其中的某个方面。

目前，高校体育在教材选编、组织管理、评价等多方面考虑的大多是教师要求怎样，对学生只是满足达到怎样一个身体评价指标和运动技能要求，这种追求客观的所谓量化标准，在某种程度上起到了促进学生积极练习的作用，但更大程度上使学生产生了一种以这个量化标准为目标的思想，影响了学生的发展。因此，要贯彻健康性原则，就必须促使高校体育重心由体育教学向课外体育活动转变。学生的身体素质、身心健康应成为衡量高校体育卫生工作质量的最重要的指标。

（三）面向全体学生

作为被教育者，每一个学生都同样有接受教育的权利。作为高校教育的一部分，高校体育也不例外，它需要面向全体学生，健康性原则更是要求高校体育的对象是全体学生。高校体育以竞技运动为主体内容，从教学内容的选择、教学方法的运用到体育工作的评价，都是以竞技运动为主要标志的，特别是运动竞赛成绩在很大程度上被作为衡量一个教师、一所高校体育工作成绩的主要评价指标，使得体育教师和高校将大量的精力投入运动训练和竞赛方面。对绝大多数学生而言，掌握相关的竞技运动技术固然必要，但事实上，他们并不都有要求掌握那些可望而不可即的运动技术的欲望。竞技运动技术的难度大、要求高，学生容易对其产生一种畏惧的心理，并且其对学生的健康成长也不一定是有利的。

面向全体学生，不是要求教师或高校对每一个学生用同样的要求或标准，而是要根据学生的实际身体情况，有针对性地运用不同教学手段，与此相适应的竞技运动训练和竞赛也根据不同的运动水平来安排，使广大学生都能体验到运动竞赛的乐趣。同时，通过高校体育重心的转移，学生在课外体育活动中不仅仅能体验到运动的乐趣，更能得到健康的身体。

（四）以“健康第一”为主流价值取向的学习评价

以“健康第一”为主流价值取向的体育课程与健康课程学习评价体系发生了重大的转变，评价内容转向多元化、评价方法呈现多样化、评价形式民主化。

新课程中的评价内容包括学生的身体状况、体能健康测试、知识技能的评价、学生的学习态度、积极参与运动的行为、运动习惯、意志品质、自信心、情感状态，真正体现体育课程与健康课程学习面向全体学生的基本理念。

评价方法上注重绝对性评价与相对性评价、终结性评价和过程性评价相结合。通过将学生每学期结束时的终结性评价结果与入学成绩进行对照，发现每个学生一个学期学习体育课程进步的幅度。相对性评价有助于学生建立起学习体育课程的自信心和自尊心。过程性评价是通过各种评价方法，如体育教学日记或课程小结等，经常对学生学习的各个方面进行若干次评定，并将结果及时反馈给学生，对体育教学具有反馈作用。

评价形式采用教师和学生都参与评价的形式。学生自我评价是针对运动技能、态度、情意表现与合作精神等进行的综合评价；组内互相评价是由学生对组内各个成员进行综合评价；体育教师评价是由体育教师对照身体素质、运动技能、运动能力进行综合评价。能否实现以“健康第一”为主流价值取向的体育课程目标，体育课程评价是其中的一个重要方面。高校应该建立促进学生全面发展的评价体系，合理科学地评价学生学习体育课程与健康课程的效果，使课程评价成为促进学生更好地进行体育学习和积极参与体育活动的有效手段，真正实现“健康第一”的终极目标。

五、创新性原则

创新性原则，即打破传统、推陈出新，体育教学设计应当在教学理念、方法、策略及内容上，在传统的、常规的体育教学上有所突破和超越。在体育教学设计中遵循创新性原则，可主要从以下两个方面入手。

（一）教师教学设计的创新

有效挖掘教学资源，提高教学效果，实现教学的高效低耗。

教师可以运用情境化教学设计，将教学融入真实的体育场景，提供更具实践性和体验性的学习机会。教师可以借助新媒体和技术，如教学软件、移动应用、虚拟现实等，丰富体育教学资源。通过利用这些工具，教师可以创造交互式的学习体验，提高学生的参与度和学习效果。

除了传统的体育技能教学，教师还可以在教学中注重健身与健康教育。例如，教授正确的运动姿势和训练方法、提供相关的健康知识和饮食指导等。通过引入健身与健康教育，教师可以增强学生的身体素质和健康意识。积极支持学生参与体育赛事，教师可以鼓励学生积极参与校内外的体育赛事，如运动会、联赛、社团活动等。通过参与体育赛事，学生能够实践所学的技能，提高竞技能力和合作精神。

总之，高校体育教师可以通过多种创新方式，挖掘体育教学资源，提高教学效果，实现体育教学的高效低耗。重要的是，教师要积极探索和尝试新的教学方法和工具，结合学生的需求和特点，不断调整和优化教学策略，提供更好的学习体验和效果。

（二）体育教学设计的创新

为学生营造易于创造思维和能力培养的空间，创新设计教学设计方案，勇于打破常规和陈旧思想，用新的视角去观察和分析，对现有的体育教学设计进行大胆创新。可以从教学方法创新、教学组织创新、学习模式创新、创新评价方式、融合跨学科元素等诸多角度去分析和尝试。

1. 教学方法创新

教师可以尝试引入问题解决、探究式学习和项目学习等方法，让学生在探索中学习，培养他们的创造力和解决问题的能力。

2. 教学组织创新

教师可以设计小组合作的学习任务，鼓励学生在团队中互相协作、交流和分享，并学习从他人身上获取灵感与启发。此外，教师还可以与教师间、学生间或跨学科进行合作，进行集体备课、教学研讨和交流，共同推动教学创新。

3. 学习模式创新

教师可以尝试倒置课堂的教学模式，让学生事先学习相关知识，并在课堂上进行实践、讨论和问题解决，以提高学生的主动参与和批判性思维能力。

4. 创新评价方式

为了培养学生的创造思维和能力，教师可以设计多样化的评价方式，如课堂展示、项目报告、作品展览等，以更全面地评价学生的创新能力和思维方式。

5. 融合跨学科元素

教师可以创新教学内容，引入跨学科的元素，与其他学科进行融合。例如，将体育与科学、数学、艺术等学科相结合，激发学生的跨学科思维和创造力。

第三节 高校体育教学的功能

高校体育教学的功能指的是高校体育以其自身的特点对学生和社会施加作用后，产生的影响和作用。高校体育教学如果没有自身固有且独特的特点，是不会对学生和社会产生良好效应和积极影响的。然而，如果学生和社会无法接受和利用高校体育教学的功能，那么高校体育教学也就无法顺利发挥自身的功能，因而也无法产生预期的效果。高校体育教学之所以能够在漫长的历史上不断得到发展，而且发展成果越来越多，正是因为人们认可并充分利用了高校体育教学的功能。

随着社会的进步和体育教学地位的不断提升，人们对体育教学功能的认识也越来越全面、越来越深入，这有利于体育教学功能在高校的进一步发挥，也有利于促进大学生的全面发展，以及社会主义物质文明和精神文明建设。具体来说，高校体育教学的主要功能表现如下。

一、健身功能

高校体育教学的一个重要目标是教会学生合理、有效地利用和保护身体，从而提高身体健康水平。可以说，学生的体育学习是一种利用身体并提高身体健康水平的过程。“用进废退”的生物学规律在人体的发展中体现得非常明显，学生只有科学合理地参加体育锻炼，才能使身体的效能得到充分发挥。在锻炼过程中，神经、肌肉会保持活跃状态，这能够使人体运动系统和其他生理系统的功能得到有效发挥，并产生许多良好的反应。在体育教学中，学生是否可以快乐地参与其中，获得健康的身心，要看学生是否从内心深处喜欢运动、是否持之以恒。

随着社会的进步和人们生活条件的改善，大学生的营养补充也越来越全面，这就为其身体锻炼提供了良好的条件。学生在体育学习中进行适度的身体锻炼活动，能够产生健身与悦心的效果，从而提高身心健康水平。

促进学生的身体发展是高校体育教学最基本的功能，增强人们的体质是发展体育运动的本质属性。经过长期的改革与实践，现代体育教学课程在设计教学大纲、选择教材内容、安排课时、实施教学等方面已逐渐合理化与科学化。体育教学的健身功能主要表现在以下几个方面。

（一）促进学生身体发育

有针对性的体育教学能够促进学生的健康成长，经常参加体育锻炼对促进身体的正常发育具有重要作用。

适当的体育锻炼可以帮助学生形成正确的身体姿势，维持良好的身体形态，减少姿势问题和畸形发育的风险；可以提高学生的体力、耐力、平衡能力和灵活性等身体素质，使其更加健康和强壮。

总的来说，有针对性的体育教学和经常参与体育锻炼对学生的身体形态和健康成长具有显著的促进作用。因此，高校体育教学应当注重培养学生的身体素质和健康习惯，以促进学生更好地发展和成长。

（二）提高身体机能水平

体育运动实践表明，经常参加体育锻炼能够提高人的身体机能水平。

适度的体育锻炼可以提高神经传导速度和神经调节能力，增强神经系统的稳定性和协调性；可以增加骨骼质量，提高骨密度，使骨骼更加坚固和结实；可以提高肺活量，增加肺部的氧气摄取量，改善肺功能，使呼吸更加深长和有力；适度的体育锻炼可以增强心脏肌肉的收缩力和心脏血液输送能力，促进血液循环，降低心血管疾病发生的风险；还可以加快新陈代谢速度，促进能量消耗，有助于减肥和保持健康的体重；适度的体育锻炼可以提高免疫细胞的活性，促进免疫功能的发挥，增强身体的免疫能力。

综上所述，适度的体育锻炼对身体机能水平的提高具有多方面的好处，并能进一步提高学生的免疫能力和环境适应能力等。因此，鼓励学生参与体育锻炼是非常重要的。

（三）全面发展身体体能

身体体能的发展以运动动作实践为基础，因而体育锻炼对促进学生身体体能的发展有着重要的作用。

体育锻炼中的各种伸展、拉伸动作可以使学生身体各部分的肌肉和关节保持灵活，提高柔韧性；体育锻炼要求学生进行长时间、较高强度的运动，而这可以提高肌肉的耐力，让学生能够完成更多次数的重复动作，延长肌肉的疲劳时间；体育锻炼中的各种快速反应和协调动作可以提高学生的身体灵敏性和反应速度，使他们能够更迅速地做出准确的动作反应；体育锻炼中的平衡训练可以使学生提高平衡能力，增强身体控制能力，减少摔倒和受伤的风险。

通过体育锻炼，学生可以全面提高自己的身体体能，增强身体健康素质，提高运动和生活的质量。

二、健心功能

体育的健心功能不仅体现在其可直接影响学生的心理发展，还能通过影响学生的身体发展间接促进学生的心理健康。心理健康是评定人体健康情况的指标之一，体育教学不仅有利于学生的身体发展，还对学生的心理健康发展具有重要的作用。和健身功能一样，高校体育教学的健心功能主要是通过教师的教学来实现的，具体表现在以下几个方面。

（一）发展适应能力

现代社会竞争越来越激烈，因此大学生必须具备良好的社会适应能力，才能更好地立足于社会。高校体育教学在培养学生社会适应能力方面具有重要的作用。社会适应能力是一个广泛的概念，不同的人有不同的理解，但学生只有具备全面的社会适应能力，才能保证自己更好地适应社会环境的变化。这里的全面具体指身体、心理、情感、道德等方面，缺一不可。

体育教学贯彻“以人为本”的理念，对学生的兴趣爱好予以充分尊重，这样的教育活动有利于培养与提高学生的社会适应能力。

（二）培养竞争意识

人类生活与竞技比赛有着高度的相似性，因为人类与自然、社会等相关对象之间存在竞争关系，只有在不断的竞争中，人类才能更好地超越自己，完善自己。创造有利的条件来不断充实自我是竞争参与者必须重视的问题。这里的条件指的是竞争参与者受自己意识支配的合理竞争行为。对人们来说，参加比赛和观看比赛都是生活中非常重要的竞争预演。我们可以客观地将运动场看作一个浓缩的现实社会，这个社会比较特殊，但可以反映出大社会的方方面面。

在运动场上，参与者可以养成良好的品质和行为习惯，依据迁移原则，这些积极的变化会有效地作用于参与者的日常行为，并产生被社会高度认可与接受的因素。运动场上有输有赢，社会生活的其他方面同样如此，只不过其他方面的输赢更多地体现在得意与失意上。胜者当然光荣，受人拥戴，但输家也不可耻，也需要人们的认可与尊重。不仅是运动员，包括学生在内的所有群体都应该养成顽强拼搏、勇于进取的良好品质。

体育运动讲究公平竞争，从这一点来看，体育教学有助于培养学生良好的竞争意识。皮埃尔·德·顾拜旦（Le baron Pierre De Coubertin）是现代奥林匹克运动的创始人和奠基人。通过奥林匹克运动，他有机地融合了体育与文化教育。在《奥林匹克宪章》中有这样一段话："奥林匹克主义是将身、心和精神方面的各种品质均衡地结合起来，并使之提高的一种人生哲学。奥林匹克主义所要开创的人生道路是以奋斗中所体验到的乐趣、优秀榜样的教育作用和对一般伦理基本原则的尊重为基础的。"可见，奥林匹克运动的重要教育价值是其发展到今天并产生深远而广泛影响的关键。

竞技运动是高校体育教学的重要内容。通过相关内容的传授，学生可以不断超越和完善自我，树立良好的竞争意识。

（三）锻炼意志，修养品德

体育运动技能的学习是一个需要不断实践和探索的过程。它不仅需要学生具备一定的身体素质和运动能力，还需要他们通过各种身体练习来不断挑战自己。这个过程中，学生需要克服各种困难和障碍，塑造坚韧不拔的意志，培养不屈不挠的精神。

此外，体育教学中的各种体育活动都必须符合体育项目的特点和规则，学生需要在学习和实践中逐渐掌握相应的技巧和方法，这有助于他们养成严谨、认真、负责的态度和习惯。特别是在体育教学与比赛中，学生需要遵守各种规定和纪律，尊重裁判和对手，这有助于他们养成遵纪守则的良好习惯。

体育运动或游戏的规则对于确保公平竞争和维持秩序至关重要。参与者必须自觉遵守既定规则，以确保体育运动或游戏的顺利进行。这不仅有助于维护公平和公正，还有助于培养参与者的责任感和自律性。在体育运动或游戏中，学生不仅要关注自己的表现，还要懂得关心同学、尊重对手和裁判。这种做法可以帮助学生建立良好的人际关系，促进团队合作和互相学习。此外，学生可以将这种做法延续到日常社会生活中，成为遵纪守法、尊重他人的良好公民，为未来的成长和社会生活做好准备。

（四）促进交际，完善人格

体育运动不仅仅是一种身体活动，更是一种社交和情感交流的方式。在体育运动中，学生可以体验到与他人互动的乐趣，这种乐趣可以促进其人际交往能力的发展。特别是对于那些价值观、人生观和交友观尚未完全形成的学生来说，体育运动提供了一个独特的平台，可以帮助他们更好地理解自己和他人，促进其社会技能和情感智力的发展。

此外，系统的体育教学也对陶冶学生的情操和塑造他们的完美人格具有重要作用。通过体育运动，学生可以学习到自我控制、团队合作等重要的价值观和生活技能。这些价值观和生活技能不但在体育运动中发挥作用，而且对日常生活同样重要。通过体育运动，学生可以更好地理解自己和他人的情感，培养同情心和包容心，从而塑造出更加健康和完美的人格。

在体育教学中，许多体育运动或游戏需要集体共同参与才能完成。这种集体性质的活动，意味着团队成员之间需要相互协作和配合，才能达到最佳的效果。因此，为了在体育运动或游戏中取得胜利，学生必须认识到团结互助、协调合作、发挥集体力量的重要性。作为体育运动团队中的一员，学生需要处理好个人利益与集体利益的关系，需要明白只有在团队中发挥自己的优势，同时与其他队员相互配合、协调合作，才能取得最终的成功。这种大局意识的建立，对于学生的成长和发展有着重要的影响。

在体育活动中，团队成员之间的自然交流是促进相互了解和建立良好人际关系的重要途径。这种自然交流不仅有利于进一步加深团队成员之间的了解和信任，还可以促进彼此之间的协调合作，提高团队的凝聚力和战斗力。通过这样的体育教学，学生可以学习如何处理个人与集体之间的关系、如何协调个人与他人的利益，以及如何通过团队合作实现共同的目标。这些经验和技能不但对学生的体育技能提升有所帮助，而且对于他们在日常生活和学习中的全面发展也有着积极的影响。

三、体育文化传承功能

体育知识和运动技能的传授都是为体育文化的传承而服务的。从某种意义上讲，体育教学真正的目的在于教会学生正确的体育运动方法，以便能在未来的生活中对其身心产生持续的良好影响。在体育教学中，对体育知识的传承是指体育教师通过体育教学内容向学生展现、传授和体育教学内容相关的文化。

体育文化传承是一个长期的、系统的过程，这一过程涉及学生一生的发展，也涉及整个人类社会的发展。

从学生个人的求学过程和人生发展来说，要想真正实现体育教学传承体育文化的功能，就必须通过不同阶段的体育教学，学生方可学习到较为完整的运动知识文化。具体应从以下两个方面着手。

一方面，保证单次体育课内容之间教学的连贯。可以把体育课中传习的各种小的运动技术累加起来，学生学到的是某个运动项目的完整技术，继续累加，就学到了各种运动技能。

另一方面，保证不同阶段体育教学的可持续发展。体育教学是按照一定计划和课程标准进行的有目的的教育过程。其中，根据不同的教学周期可以分为课程教学、周教学、学期教学及学年教学。比学年教学周期更长的就是多年教学。

从整个人类社会的发展来看，现代教育强调以人为本。人们对以人为本的教育教学理念的追求使得人类自我认识的回归不仅代表了体育教学的特殊性，还给予了体育教学知识传承的特殊意义。具体到体育教学中，要求教师在体育教学的开展和实施中重视学生的主体性作用，因为学生才是体育文化的继承者和传承人，正是通过对体育知识、技能、文化的不断传承，才使得体育竞技文化、奥林匹克文化、大众体育文化等得以不断丰富和发展，从而促进了人类社会的进步。

作为载体，高校体育是我国体育文化传播的主渠道。众所周知，体育运动是一种极富激情和活力的活动，通过参与各项体育活动，人们可以获得人格、气质、修养等方面的熏陶。体育不仅是运动员的专利，还应该成为一个人终身的文化素养，这对于提高人们的生活质量具有至关重要的作用。体育文化素养是素质教育的重要内容，它是由一个人的体育知识、体育技能及体育意识等因素决定的。

大学生正处在世界观、人生观、价值观初步形成和完善时期，一方面积累了一些社会生活经验，掌握了一些系统的科学知识，对自然、社会及人生等问题形成了自己的看法；另一方面也存在着知识和经验的局限性，对事物的看法往往不够准确和深刻，有时甚至十分片面，这时的教育对他们有着非常重要的帮助作用。另外，他们热情奔放，渴求知识，并且接受能力强，正是学习体育知识和技能的良好时期，也是增进体育意识、培养体育兴趣和习惯的良好时期。因此，高校体育教学不仅仅要注重体育技能的传授，更要重视体育文化的传承，在教育教学过程中要充分发挥体育文化和环境潜移默化的作用来对学生进行教育。

四、运动技术传授功能

从体育教学的微观结构来看，其最小单位是每一节体育课。每一节体育课都是教师和学生共同参与，以特定的教学内容为中介的双边活动。在这样的教学活动中，教师会根据教学目标和计划，将运动技术的传授和学习作为主要内容。

运动技术的传授和学习，体现了体育教学的传承精神。这种传承不仅包括运动技术的传承，还包括体育文化的传承。通过体育教学，学生不仅可以学会运动技能、提高身体素质，还可以了解运动的历史、文化和精神内涵，从而培养出对体育的热爱和对健康生活的追求。同时，这种传承也体现在教师对学生的指导和示范上。作为知识和技能的传播者，体育教师会通过自身的专业知识和技能，将体育运动的技术和技能传授给学生。在这个过程中，教师会根据学生的实际情况和需求，进行有针对性的指导和帮助，使学生能够更好地掌握运动技能。

在高校体育教学中，传授运动技术是其中一个核心功能。这个功能的实现，需要学生亲身参与，通过身体练习和体验来学习和掌握各种运动技能。这是由体育学科的特性所决定的。运动技能的掌握，需要学生亲自参与并实践。只有通过反复的身体练习和体验，学生才能真正理解和掌握各种运动技能。如果缺少了这个实践环节，仅有理论知识的教学是远远不够的。理论知识可以为学生提供一定的指导，但真正的运动技能掌握还需要学生通过身体练习去体验和感受。这个身体练习和体验的过程，也是学生对运动技能进行自我修正和调整的过程。

第四节　高校体育教学改革的意义

在当代社会，随着人们健康意识的不断增强和生活水平的提高，体育教育在高校教学中的地位日益凸显。高校体育教学改革不仅仅关乎学生的身心健康，更是涉及他们全面发展的根本问题。因此，有必要深入探讨高校体育教学改革的意义，为培养健康全面发展的学生开拓新的教育道路。

一、提高体育教学水平

相对于其他学科来说，高校体育教学的起步相对较晚，并且受传统教育观念的影响，许多高校往往会忽视体育教学的重要性，导致我国体育教学在理论知识上存在明显不足。我国体育教学理论一方面继承了传统的体育教学理论，另一方面主要借鉴了其他国家的有关体育教学理论。然而，这种借鉴并非完全照搬，而是结合了我国的实际情况和需要，通过消化吸收再创新，形成了具有中国特色的体育教学理论。

在传统的体育教学理论中，我们注重体育技能的培养和锻炼，忽视了对体育理论知识的学习和研究。然而，随着高校体育教学改革的不断更新和进步，我们开始意识到理论知识对于体育教学的重要性。因此，在当前的高校体育教学改革实践中，我们更加注重将理论与实践相结合，以实现学生素质的全面提升。

时代在不断进步，体育教学也在不断发展。为了适应社会的发展，高校体育教学必须摒弃那些已经不相适宜的观念和理念，借鉴优秀的现代理论，根据我国的实际情况，建立属于自己的高校体育教学理论。在这一过程中，高校需要对之前的体育教学理论进行深入分析，发现问题的根本，从而找到科学的方法对传统体育教学理论做出补充和修改。这样才能够丰富我国的高校体育教学理论体系，使之与时代共同发展和进步。

高校体育教学改革可以在实践中检验体育教学理论的正确性与科学性，这对于提高体育教学的理论水平具有重大意义。通过实践检验，可以了解哪些理论是有效的、哪些理论需要改进和完善，从而不断提高我国高校体育教学的质量和水平。此外，我们还需要注重培养学生的体育意识和体育素养，让他们认识到体育对于身心健康和社会适应的重要性，从而培养他们良好的体育锻炼习惯和健康的生活方式。

总之，高校体育教学改革可以不断适应社会的发展和变化，不断更新教学理念和方法，注重理论联系实际，培养学生的体育素养和综合能力，为他们的全面发展做出积极的贡献。

二、提高体育教师能力

随着社会的不断进步，任何学科对教师的能力要求都在不断提高。从教师的职业发展来看，教师需要不断提升自己的知识和技能，以应对新的教学挑战。作为教育的传道者和引路人，教师承担着培养学生的责任。为了更好地完成这一使命，教师需要终身学习。教育领域的知识和理论不断发展，新的教育方法和技巧不断涌现，教师需要不断更新自己的专业知识，了解最新的教学理念和学科发展趋势。

体育教师通过参与高校体育教学改革，可以获得更多关于体育教学的知识，并能够将这些知识应用到实践中。在教学过程中，他们不仅能够发现问题和解决问题，还能够深入了解体育教学的各个方面，增加对体育教学实践的认识。

通过高校体育教学改革的有序推进，体育教师能够系统地总结和归纳所研究问题的相关知识，从而提升自己在体育教学方面的创造性。他们可以将研究成果应用于实践，改进教学方法和策略，提高教学效果。此外，高校体育教学改革还可以激发体育教师的思考和创新能力，培养他们主动探索和改进的意识，还可以促进体育教师之间的互动和交流。高校体育教师可以通过研究项目、学术会议等方式相互交流和分享研究成果，互相借鉴和学习。这样可以提升整个体育教师团队的整体水平，促进彼此之间的协作，共同推动教师个人能力的提高和体育教学的发展。

总之，体育教师参与体育教学不仅能够获取更多的知识和理论，还能够提升自己的教学能力和创造性，促进整个团队的发展。这对提高高校体育教学的质量和锻炼个人能力具有重要的意义。

三、规范体育教学过程

体育教学是对体育教学过程中涉及的各种教学因素，以及教学规律进行检验的重要领域。体育教学不仅涉及体育技能的传授和锻炼，还涉及学生身心健康、团队协作、意识培养等多个方面，因此体育教学改革可以深入探讨各种教学因素对教学效果的影响，以及如何优化体育教学过程，提高教学质量。

在高校体育教学改革的过程中，教师越来越重视根据学生的身体素质、技能水平和兴趣爱好等方面的差异，合理安排教学内容和方法，以达到最佳的教学效果。同时，教师还会考虑学生个体差异和不同需求，以实现个性化教学和差异化培养。此外，高校体育教学改革还需要注重学生心理健康和社交能力的培养，以提高学生的综合素质和社会适应能力。

在高校体育教学改革的过程中，研究体育教学规律能够深入了解体育教学的特点、过程和方法，分析学生的体能水平、心理特征和运动技能形成规律等因素。同时，能够研究如何根据学生的实际情况和教学条件，合理安排教学内容和方法，探索适应不同学生需求的体育教学策略。此外，还能够研究如何通过体育教学培养学生的意志品质、团队协作和自我提高的能力，为提高学生的综合素质和社会适应能力提供有效的支持。总之，体育教学是一个相对复杂而多变的领域，需要从多个角度出发进行综合改革，以实现教学过程的优化和教学效果的提高。

教学实践和教学过程的规范是相辅相成的关系。教学过程的规范可以帮助教师更好地组织和实施教学实践，提高教学效果和教学质量。同时，教学实践也可以在实际进行中不断影响和完善教学过程的规范。开展高校体育教学改革的根本目的之一是通过对教学实践的监督和分析，找出导致教学效果不理想的原因，然后对其进行改正和优化，不断地规范体育教学过程。

四、提高大学生体育素质

在体育强国背景下，高校体育教学改革的主要目标是提高大学生的体育素养。这一目标与全民健身战略、体育产业发展战略、竞技体育战略和体育文化繁荣战略等密切相关。这些战略任务共同为高校体育教学改革提供了宽广的发展空间，使得高校可以创新教学方法、拓宽合作空间、融入体育文化并加强与高水平运动队的合作，从而有利于提高大学生的体育素养。

在全民健身战略的推动下，高校体育教学改革得到了更多的政策支持和资源投入。这种支持和投入为高校体育教学提供了创新教学方法、拓宽体育项目选择的机会。通过多样化的体育项目，学生能够得到更全面的锻炼，从而提高他们的体育素养。体育产业发展战略也为高校体育教学改革提供了广阔的合作空间。高校通过与企业、政府等多方资源的互动与交流，能够推动体育教育与产业的融合发展。这种合作不仅有助于提高高校的竞技水平，还能够促进体育教育的创新与发展。通过与企业的合作，高校可以获得更多的资金和技术支持，从而为学生提供更好的体育教育和锻炼机会。在全民健身战略和体育产业发展战略的共同推动下，高校体育教学还可以通过与社会体育组织和社区的合作，为学生提供更多的实践机会和锻炼平台。通过参与社区体育活动和比赛，学生能够更好地将理论知识与实践相结合，提高他们的体育技能。

在体育强国背景下，高校体育教学改革在课程建设方面注重实践性和系统性。首先，从实践性的角度来看，高校体育教学改革强调学生通过实际操作来掌握运动技能，形成健康的运动习惯。这种实践性教学方法使学生能够在体验中提高自己的运动技能和体能，从而提升体育素养。通过实际操作，学生能够更好地掌握运动技能，形成健康的运动习惯，这对于提升学生的体育素养至关重要，有助于他们在日常生活中保持良好的体能状态，预防疾病，提高生活质量。其次，从系统性的角度来看，高校体育教学改革设计了更加系统化的课程，包括健康知识、运动技能、运动科学、体育心理等方面的内容。这种系统化的课程设置可以帮助学生全面了解体育知识，提高体育素养。同时，高校体育教学改革将体育课程与学生的专业知识相结合，使学生在学习专业知识的同时，也能增强体育素养。这种课程设置有助于培养学生的综合素质，使他们成为全面发展的人才。

此外，高校体育教学改革还关注体育文化的传承和发展。通过将体育文化融入体育教学和活动中，学生能够更好地理解体育的意义和价值，提高对体育的兴趣和参与度，从而提高体育素养。同时，这也能够推动体育文化的传承和发展，为建设体育强国贡献力量。因此，高校体育教学改革在课程建设方面注重实践性和系统性，旨在提高学生的体育素养和综合素质。通过创新教学方法、拓宽合作空间、融入体育文化等多种方式，高校可以推动体育教学的创新与发展，为培养全面发展的人才做出贡献。

五、提升体育教学研究团队的整体水平

一个优秀的体育教学研究团队需要在不断研究、突破和创新中提高自己的水平，否则就会失去竞争力。

当今社会，各国之间的教育、经济等都趋于透明的状态，即使是同一个地区或是同一所高校的体育教学之间也存在竞争的关系。在这种市场竞争逐渐激烈的环境中，如何不断提升整个团队的科研水平和体育教学研究者的专业能力，不仅仅是每一位体育教育工作者应该面对的问题，更是高校体育教学改革应该关注的重要课题。

在高校体育教学改革实施的过程中，高校体育教育工作者可以通过从事体育教学不断地提升专业知识、优化专业技能，同时增强自己在体育教学方面的能力。这将有助于提高我国体育教学研究团队的整体水平，进而提升我国的体育教学质量。通过体育教学改革，高校体育教育工作者可以深入了解体育教学的本质、目标、内容和方法等方面的知识，拓展自己的专业视野，加深对体育教学的理解和认识。同时，高校体育教育工作者还可以通过研究和实践，不断优化自己的教学方法和手段，提高自己的体育教学技能，更好地帮助学生锻炼身体、增强体质、培养意志品质等。

此外，高校体育教育工作者通过从事体育教学，还可以提高自己的学术水平和专业素养。通过体育教学改革，高校体育教育工作者他们可以不断探索体育教学的新理论、新方法和新技术，推动我国体育教育事业的发展。同时，他们还可以与其他体育教育工作者进行交流和合作，分享经验和成果，共同提高我国体育教学的整体水平。总之，高校体育教学改革对于提高我国体育教学的整体水平具有重要意义。

高校体育教学改革不仅有助于提高教学质量，还可以促进体育教学理论和实践的发展。通过体育教学改革，高校体育教育工作者可以深入了解体育教学的本质、规律、方式和手段等方面的问题，进而探索适合学生的教学方法和手段，提高学生的学习效果。同时，高校体育教学改革还可以促进教师专业发展和学术水平的提高。教师可以不断拓展自己的专业视野，加深对体育教学的理解和认识，提高自己的学术素养和教学能力。因此，高校体育教育工作者应该积极参与体育教学改革工作，发挥自己的专业特长和创造力，探索适合学生的教学方法和手段，为推动我国体育教育事业的发展做出贡献。

第二章　高校体育教学内容的改革与发展

近年来，高校体育教学内容的改革与发展成为教育界关注的焦点和研究的热点。随着社会的进步和人们对身体健康的日益重视，高校体育教学在培养学生全面发展的能力和素质方面扮演着重要角色。高校体育教学内容的改革与发展是紧跟时代潮流的必然选择，也是适应学生需求、提高教学质量的迫切需要。本章围绕高校体育教学内容概述、高校体育教学内容存在的问题、高校体育教学内容的改革策略、高校体育教学内容的发展趋势等内容展开研究。

第一节　高校体育教学内容概述

一、高校体育教学内容的由来

人类早期的体育活动主要是为了生存而进行的，如狩猎、捕鱼、战斗等。然而，随着文明的发展和社会的进步，体育逐渐从生存需要演变为一种文化和教育的形式。

（一）体操与兵式体操

在公元前 5 世纪，“体操术”和“体操家”的称谓就已经出现。体操术中包括了竞技体操术（事实上是对竞技比赛项目的训练法）、医疗体操术（相当于运动疗法和保健运动）、教育体操术（相当于体操教学内容）三大类。兵式体操的主要内容为队列、刺杀、托枪射击、战阵和战术等。这种兵式体操与近代器械体操共同构成了近代学校体育教学内容的体操类部分。目前，大多数国家的体育教学内容中会涉及体操。

（二）游戏和竞技运动

在近代学校出现之前，社会上和古代学校中的游戏活动在很大程度上影响了现代体育的发展。这些游戏活动起初可能只是为了娱乐和消遣，但随着时间的推移，它们逐渐演变成了比较正规的竞技运动，并与市场体育的发展密切相关。以欧洲为例，古希腊和古罗马时期就有许多游戏活动，如格斗、赛跑等。这些活动不仅仅是为了娱乐和竞赛，更承载着一定的教育意义。

工业革命以后，以英国和美国的游戏为中心发展起来的近代竞技运动迅猛发展，如棒球、橄榄球、篮球、排球、乒乓球、羽毛球等，还有以走、跑、跳、投等人体的最基本活动能力规范和发展起来的田径运动。这些现代竞技运动随着近代殖民主义的扩张和教会学校的发展迅速传向全世界，并在各国学校中逐渐成为体育课的主要内容。由于竞技运动具有很强的娱乐性和健身作用，深得青少年的喜爱，因此成为现在体育教育内容中占比最大、内容最为丰富的一部分。

（三）武术与武道

在古代学校里，体育多是以武士的教育来体现的，体育教学内容多是一些实用的军事性技能。例如，中国奴隶社会教育中的“射”和“御”，中世纪欧洲的“骑士教育”中的射箭、剑术，以及其他东方国家教育中的各种冷兵器训练和柔术等徒手防身术，这些内容构成了现在体育内容中“武术”和“武道”内容的基础。随着近代军事的迅猛发展，这种技能作为军事手段，其实际意义已逐渐丧失，而向健身和精神修炼的方向进行转变。例如，中国的武术、摔跤，日本的柔道、弓道、剑道，韩国的韩式相扑等。这些内容由于在精神修炼和意志培养方面具有其他运动所不具备的功能和魅力，因此一直深受全世界青少年的喜爱，并在许多国家的体育教学内容中占有一席之地。

（四）舞蹈与韵律体操

在古代社会中，舞蹈是人们祭祀和举行各种礼仪时较为常见的一种运动，深受人们的喜爱。例如，在中国敦煌壁画中就有许多市民在户外进行集体舞蹈的画面。世界许多地方的舞蹈也是各民族文化中的重要组成部分，近代学校中较早就有了舞蹈的内容，与舞蹈相近的韵律体操也在近代随着瑞典体操的发展而逐渐得到发展，后来在韵律体操的基础上又出现了艺术体操、健美操等。舞蹈也具备了多种形式，如民族舞蹈、创作舞蹈、体育舞蹈等。

由于舞蹈和韵律体操在陶冶身心、培养美感和节奏感等方面具有独特的功能，因此从它们成为体育教学内容后，就一直深受学生的喜爱。如今，大部分国家的体育教学内容里有舞蹈和韵律体操。

上述几大类内容是构成体育教学内容的主体部分。尽管各国体育课程中上述内容的比例不尽相同，对各个教学内容的重视和强调程度也有所不同，但体操类、竞技运动类、武术武道类、舞蹈与韵律体操类等几大类内容是基本相同的，其余还有一些实用性的运动和野外运动（如登山、野营等），这些多是按照各种情况（如文化特点、气候条件等）所设立的构成本民族传统特点的体育教学内容。

二、高校体育教学内容的含义

高校体育教学内容，也称“体育教材”，其主要目的是实现体育教学目的和体育教学任务的达成。这一目的达成，需要将体育教学的相关内容经过加工、整合后，再借助不同的教学形式在教学过程中加以展示。

与一般的教育内容相比，高校体育教学内容是有一定的特殊性的。通常而言，其是对大肌肉群的活动状态进行教育，包括身体练习、运动技术学习和教学比赛等形式，通过体育教学条件进行传授。

高校体育教学内容是在体育教学实践中展开的教师的“教”与学生的“学”的实践依据材料。高校体育教学内容是一个重要的中介，其将教师与学生进行有机连接，不仅在一定程度上制约了体育教学方法和教学手段，还会直接影响体育教学目标和课程目标的实现。

三、高校体育教学内容的特点

高校体育教学内容和其他体育教学的构成要素一样，都具有自身的显著特点，具体如下。

（一）健身性

高校体育教学内容围绕体育展开，用于实现体育的教育功能，其中最主要的功能就是健身功能，因此高校体育教学内容具有健身性，在展示和传输体育教学内容的过程中，师生理解体育知识、掌握体育技能，实现对身体和心理的建设，促进身心的健康发展。就高校体育教学内容的最直观和基础性的目的而言，即通过引导学生的身体参与来增强学生的体质。

高校体育教学内容要突显健身性，也要因人而异，学生通过参与不同的体育教学活动，来实现自我身心健康的发展，各种活动内容中，负荷应科学合理，符合学生特点，否则就可能超过学生的身心承受范围，无法对学生的身心健康产生积极影响，或者可能超过学生的身心负荷而对学生造成一定的伤害。因此，在高校体育教学中，只有对学生身心有益，可促进学生身心健康发展的教学内容才是科学的教学内容。

（二）实践性

实践性是高校体育教学内容的一个最鲜明的特点。高校体育教学内容的绝大部分是身体练习，体育教学与体育活动之间的关系十分密切，受教育者必须开展以大肌肉群运动为特点的运动内容，只有这样才能学好体育教学内容，仅仅依靠说、看、听、想的教育方式是不能实现高校体育教学目的的。

当然，高校体育教学的内容中不只包含身体练习，还包括其他一些内容，如体育知识和道德的教育培养，这两个方面也必须通过运动学习和实践来体验。

（三）多样性

作为高校体育教学内容“后备军”的体育运动项目大部分来源于不同的文化母体，具有各自的历史渊源和特征，与之相关的体育运动知识、体育运动原理、体育运动健身与训练、体育游戏与比赛、体育观赏与娱乐等均可以成为高校体育教学内容。

事实上，高校体育教学内容具有多样性，不仅可以利用校内资源、体育领域内资源，还可以充分利用校外资源、非体育领域内（如医疗、文化科技、军事、休闲娱乐等）与体育相关的内容资源。一些高校体育教师、学生的社会经验、生活经验等也算得上是高校体育教学内容的一部分。高校体育教师应该充分利用高校体育教学内容的多样性特点。

（四）社交性

高校体育教学中所涉及的体育运动大多是集体性运动项目，因此需要学生集体参加，合作共同完成。另外，相较于其他教学内容而言，高校体育教学内容在实践性、社会性方面的特点更加显著，必须有一定的人际交流才能保证教学活动顺利实现。因此，在这种情境下进行学习和参与竞赛活动，可以在一定程度上促进学生之间、学生与教师之间的交流和沟通，提升他们的社交能力。

作为一个重要中介，高校体育教学活动将教师与学生进行连接，这就在一定程度上加强了二者的沟通互动，也增进了学生之间的交流配合。

（五）教育性

高校体育教学内容是教育内容的有机组成部分，是教育思想得以贯彻的重要载体，对于青少年的成长有着重要作用，因此体育教学内容具有教育性。高校体育教学内容的教育性主要体现在：能促进学生身心健康成长，形成良好的个性心理品质和积极乐观的生活态度，提高其社会适应能力，使其成为具有较高科学文化素养、爱国主义精神、传统优良品德和进取精神的社会主义建设者。

（六）娱乐性

高校体育教学内容中包含的主要是身体活动，而身体活动大部分是人的休闲性运动，其本身就包含着一定的娱乐和休闲内容，这也就赋予了体育教学内容一定的娱乐性特点。

在高校体育教学不断发展完善的过程中，会逐渐引入一些新的教学内容，而这些新的教学内容能激发起学生的好奇心和兴趣，并且使其能够在学习和运动竞赛过程中体会到新鲜感和成就感，在这种良好心态的推动下，学生能够在体育教学内容的学习中逐渐培养出竞争和协同精神，对运动环境、运动场地、比赛规则、比赛形式等进行再加工，对运动乐趣的体验也会更加显著，这与其娱乐性动机和体验追求有着密切联系。另外，高校体育教学内容的娱乐性特点也会影响最终的教学效果。

（七）科学性

由于高校体育教学内容是在高校进行的有目的、有计划、系统的教学内容，因此体育教学内容也必须同其他教育内容一样，具有较强的科学性。

高校体育教学内容的科学性主要体现在三个方面：内容本身具有很丰富的内涵，是人类文化和科学的结晶，如身体科学原理、锻炼科学原理、训练科学原理及相关的社会科学原理等；在筛选体育教学内容时，人们会有意识地把那些科学和文化含量高的内容优先选择到教学内容中来；在进行内容的编制和教学时，必须遵循有关教学内容编制和教学的科学规律与原则。

（八）空间性

高校体育教学内容的空间性也是较为明显的，因为体育运动项目的开展对空间有一定的要求，主要体现在场地上。例如，一些项目以场地命名，如田径、沙滩排球等。这些高校体育教学内容如果没有场地作为支撑，就不能开展实践活动，对于高校体育教学的意义就微乎其微了。

（九）开放性

高校体育教学内容大多是以集体活动形式来进行的运动学习和竞赛。在运动学习和竞赛中，人们的交流是极其频繁的，因此高校体育教学内容与其他教育内容相比具有更明显的人际交往的开放性。高校体育教学内容以这种人际交往的开放性为基础，构成对集体精神、竞争精神协同培养的独特功能，使得高校体育教学内容的学习过程中的师生之间、生生之间的关系更加密切、开放。

（十）系统性

高校体育教学内容的系统性表现在两个方面：一方面是体育教学内容本身必须有其系统性，虽然由于体育运动的特点，这个系统性不同于其他教育内容的系统性，但体育运动内在的规律使内容和内容之间、项目与项目之间、技术与技术之间有着某种潜在的联系和制约因素，进而形成体育教学内容的内在结构，而这一内在结构是编制体育教学内容的依据；另一方面是必须根据教育的目标、学生不同年龄阶段的生长发育特点、教学环境和教学条件等方面的因素不断认识体育教学内容的内在规律性，系统地安排各个高校、各个年级的教学内容，并处理好它们之间的相互关系。

（十一）多指向性

高校体育教学内容的多指向性可以从“一项多能”和“多项一能”两个方面来理解。“一项多能”是指一个运动项目可以通过不同的设计完成多个教学目标，如选择耐久跑作为教学内容，既可以提高学生的身体素质，磨炼其意志品质，也可以将学生分组，要求每组学生要同时到达终点来培养团队精神。对一个运动项目进行多角度开发，能够适当发挥教师擅长的方面，同时提升学生对单个项目的掌握程度，也能对不同项目有更加深刻的理解，便于成为日后坚持锻炼的途径。“多项一能”是指同一个教学目标，可以通过多个项目来实现，这里的“多个项目”可以扩展开来看，同一个项目交换场地、更改器材进行教学，也可以看作是不同的项目。例如，教学目标是形成合作意识与能力，可以选择像篮球、足球这样的集体项目，也可以通过分组进行 50 米跑接力比赛的形式来进行教学。总之，只要紧紧围绕教学目标，许多内容是可以运用的。

高校体育教学内容的多指向性，使得体育教师通过一项内容的教学、完成多个教学目标的希望成为可能。另外，由于目前我国各地区高校的体育场地和设施条件存在差异，多个项目可以完成一个教学目标，有助于教师依据高校的具体情况进行内容的选择，针对不同学段学生的身心特点对内容进行调整。但应当注意的是，不同的体育教学内容实现教学目标的程度是不一样的，对于某一课程目标而言，选择合理有效的内容才能够事半功倍。

四、高校体育教学内容的层次

（一）宏观层面

1. 上位层次——国家课程和教学内容

国家课程是国家给予整体高校体育教学发展所规定的宏观体育教学框架内容，为全国各地方高校提供了一个正确的教学内容选择方向与选择范围。国家层面的高校体育教学内容具有一定的政治性意义，体现了教学内容制订的行政服从。国家课程和教学内容充分符合国家意志，通过体育教育，能够培养和提高国民体育健康水平，并发现和培养各类体育人才。

在体育课程和教学内容的开发方面，国家需要考虑的因素非常多，但是不能兼顾每一个细节。因此，国家课程标准更多的是提供方向性指导，需要各地方高校自主把握其中的一些细节问题。国家课程内容在各地方高校中应该作为主体存在，同时各地方高校可进行适当的调整和补充。

2. 中位层次——地方课程和教学内容

地方课程和教学内容是体育教学内容的中位层次，可体现各地方高校体育教学的地方特色与要求。地方课程和教学内容要与国家课程和教学内容的范围与性质相符，同时又要能够体现和满足实际教学的需要。地方课程和教学内容可以最有针对性地利用本地区的体育教学资源，可以体现地方体育教学的特色发展需要和地域性体育内容特征。

3. 下位层次——高校课程和教学内容

高校课程和教学内容是教学内容的下位层次，是高校最直接的体育内容体现。高校课程的下位层次内容是体育教师直接选择的体育教学内容，也是学生在体育教学课堂上直接接触的体育教学内容，这些体育教学内容是在国家课程与地方课程内容所规定的范围内选择出来的。同时，也是最符合本校体育教学软件和硬件设施条件、最符合本校学生特点和受学生欢迎的教学内容。在选择和甄别高校课程和教学内容时，体育教师有较为自由的选择权。同时，也可以体现地方、高校、教师的教学特色与教学要求。高校体育教学的开展质量最终还是要看高校体育课堂上直接呈现出来的体育教学内容，这是高校体育教学最直接影响学生的内容。

（二）微观层面

1. 第一层次——体育课程标准要求的学习内容

体育课程标准指导体育教学内容的选择。在开展体育教学活动过程中，任何教师对教学内容的选择都与体育课程标准要求是分不开的。一般来讲，教学内容应充分考虑学情。必须重点指出的是，体育课程标准所要求的教学内容范畴，是体育教学活动领域的内容。

2. 第二层次——体育课程标准所示的水平目标

水平目标，即通过开展高校体育教学活动，向学生展示具体的教学内容，学生通过学习和掌握教学内容的知识、技能，可以在参与体育学习与体育活动之后达成一个什么样的效果，对此教师应做到心中有数。具体在高校体育教学实践中，教师应先明确体育教学目标，确定自己的教学任务内容和学生的体育学习内容，通过教学内容的呈现、讲解、分析，内化为学生的知识和技能。

3. 第三层次——体育教学的教学物质设施

从表面上来看，将体育教学的教学物质设施作为体育教学内容的一个部分和层次不好理解，但细分析来看，任何体育教学内容从书本上的文字到呈现给学生立体化的技术动作，不管教师借助具体的运动场地、运动器材的身体示范，还是教师通过直观教具及多媒体展示的图片、模型、动画等，都需要借助一定的体育教学物质设施来实现。在高校体育教学中，体育运动场馆、场地、运动器材、教学教具、教学技术所依赖的设备与设施等，都是教学内容形象化、动态化呈现的一部分，因此被作为体育教学内容的第三层次。

4. 第四层次——体育教学的教学方法与手段

在开展高校体育教学的过程中，体育教学内容和体育教学的教学方法与手段有着十分密切的关系，体育教学内容需要依托体育教学的教学方法与手段进行展示，该层次的教学内容是某一高校课程教学的具体内容。

五、高校体育教学内容的分类方法

高校体育教学内容可以按照不同的依据和标准来进行分类，具体如下。

（一）按照身体运动技能分类

高校体育教学及体育运动的参与者都是人，因此从根本的角度来说，这种分类方式是基础性的，也是较为常见的。

以身体运动的各项技能为标准，来对体育教学内容进行分类有一个显著优势，就是运动项目不会对类型划分产生影响，并且在教材的组合运用上较为便利。因此，这种分类方法常用于高校低年级体育教学内容的划分上。同时，这种分类方法也有利于学生各种动作技能的发挥和运动能力的提升。

不过，这种分类方法并不是完美的，也存在着一定的缺点，主要体现在其与具体的运动项目出现了相互脱离的现象，这就不利于某一运动项目的专业培养，针对性和独特性较为欠缺，也无法使年级较高的学生对竞技体育的追求得到较好的满足，运动的动机有所缺乏。

（二）按照体育运动项目分类

高校体育教学内容是由各种各样的体育运动项目构成的，因此这种分类方法也十分常见，一般会按照运动比赛的名称和内容进行分类。这种分类方法存在的优势在于，能够明确体育教学的目的，即发展和提升学生的身体素质。但同时，这种分类方法也存在一定的缺点，即容易否定一些中间性的项目和一些没有正式比赛或比赛不规范的体育项目。高校体育教学内容中包含的体育运动项目，绝大部分具有竞技性特点，会通过比赛的形式来进行训练，并以此来考察训练效果，对规则、技能等有较高的要求，这就需要对这方面的教学内容进行大幅度的改动，而这样做又会导致改动后的体育教学内容差异较大，甚至变得似是而非，不利于教学工作的正常开展，学生学习的科学性也较为欠缺。因此，在采用这种分类方法时，要对此加以考虑。

（三）按照体育教学目的分类

按体育教学目的对高校体育教学内容进行分类是比较常见的，可以达到多种身体练习的目的，使教学内容的目的更加明确，在选择教学方法时，也有明确的针对性，可以突破以竞赛为目的的教学内容编排体系，保证学生可以学习到竞技运动的知识和技能。同时，这种分类方法不仅可以有效避免内容重叠、逻辑上的问题等，还可以提高对教学的指导性。

（四）按照个人体育能力分类

将高校体育教学内容按个人体育能力分类是依据现代课程改革的基本理念，基于高校体育学科课程目标定位而提出来的。按照这种分类方法，体育教学内容被分为基础类技术内容、提高类技术内容及拓展类技术内容三种类型。

六、高校体育教学内容的编排与选择

（一）高校体育教学内容的编排

1. 高校体育教学内容的编排方式

高校体育教学内容的编排当中，存在循环周期的现象。这里所说的循环，是指在同一教学内容当中，不同的学段、学年等范围当中进行的重复安排。这种循环周期有的是课程，有的是单元，有的是学期，有的是学年，甚至有的循环是在某一个学段当中。因此，我国体育教学学者以不同的内容性质为主要依据对体育教学内容的编排进行层面的划分。具体来说，可以划分为以下四个层面，每个层面都有其各自的编排方式："精学类"教学内容——充实螺旋式；"粗学类"教学内容——充实直线式；"介绍类"教学内容——单薄直线式；"锻炼类"教学内容——单薄螺旋式。

由此可以看出，高校体育教学内容的编排方式主要有螺旋式和直线式两种。具体介绍如下。

（1）螺旋式排列

高校体育教学内容的螺旋式排列是当某项运动项目的教学内容的有关方面在不同年级重复出现时，逐步提高教学要求的一种排列方法。在历来的教学大纲当中，只模糊地说明一些对锻炼身体作用大的教材是适合用螺旋式排列来进行编排的，事实并非如此。一些兼具难度和深度的教学内容要求学生熟练掌握运动技能，这些教学内容更加适合用螺旋式排列来进行编排。

（2）直线式排列

与高校体育教学内容的螺旋式排列不同，直线式排列意味着学习了某一体育运动项目和身体练习之后，相同的内容基本上不再重复出现。

以上编排方式很好地满足了体育课程标准中对高校体育教学内容的要求，并以体育教学内容中的自身理论为主要依据，与当前体育教学内容的现状有机结合起来，创新地将各个方面的内容合理编排在体育教学中，这种编排方式的实用性是非常强的。

2. 高校体育教学内容编排的注意事项

在高校体育教学内容编排的过程中，为了确保编排的科学性，注意事项如下。

（1）重点考虑学生的基础与实际需要

高校体育教学的主体是学生，因此高校体育教学的开展必须针对学生进行，这就要求在确定体育教学内容时，必须重点考虑学生的基础与实际需求。如此一来，也能够有效提高高校体育教学的质量。在进行体育教学时，教师要在充分考虑体育运动和身体练习本身的难易程度的同时，还要科学安排体育教学内容，这两个方面都是非常重要的，缺一不可。

（2）重视不同的体育运动和身体练习的特征

在高校体育教学中，所涉及的运动项目和练习形式是多种多样的。在编排高校体育教学内容时，需要重点关注的内容包括各种运动技能的学习、改进、巩固、提高和运用。在对相关课程进行安排时，教师要考量的目的不仅是让学生懂得相应的知识，还要让学生重视知识的运用。

3. 高校体育教学内容创编的形式

（1）利用动作教育模式创编体育教学内容

动作教育是最早出现在欧美的一种体育教育思想和体育教材方法论。动作教育的特点是按照人体的运动原理将一些竞技体育运动加以归类，并且针对青少年特点进行教材设计，如教育性舞蹈、体操等教材适用于小学低中年级，有利于学生基本活动能力的形成。动作教育还可以通过游戏活动、康复训练等多种形式渗透到日常生活中。动作教育不仅要重视身体机能的养成，还要重视身心的协调发展。

（2）通过游戏化来创编体育教学内容

通过游戏化来创编体育教学内容多用于改造那些比较枯燥的单调运动（如跑、跳、投、体操、游泳等），其特点是将这些单调运动用“情节”串联成游戏，并强化协同和竞争的要素。这种创编形式有利于提高参与者的兴趣，并且几乎没有改变练习的性质，同时可以增强练习效果。

例如，通过游戏化来对跳高教学内容进行创编，可运用以下手段：①连续跳跃障碍物接力；②兔跳接力；③跳绳跑接力；④跳五边形橡皮筋追逐跑；⑤跳起触摸一定高度的橡皮筋；⑥跳不同高度的橡皮筋接力赛。

（3）结合体育原理和知识创编体育教学内容

结合体育原理和知识创编体育教学内容的特点是挖掘运动背后的原理和知识，并将其编织在探究式的体育教学过程中，往往与发现式、启发式的教学方法联系起来运用。例如，在体育课上教师组织学生举行拔河比赛，在教授学生拔河技巧、分析胜败原因时可以通过物理学中的牛顿第三定律来讲解。通过拔河两队的受力比较可以让学生了解到，只要所受的拉力小于地面的最大静摩擦力，就不会被对方拉过去。因此，增大与地面的摩擦力就成了胜负的关键。要增大与地面的摩擦力，可以让队员穿上鞋底有凹凸花纹的鞋子。这种创编的优点是有利于提高学生对运动原理的理解和获得举一反三的教学效果。

（4）融入体育文化创编体育教学内容

融入体育文化创编体育教学内容，是从竞技运动中提取各种文化要素，并在教学中让学生来体验运动文化的情调和氛围。例如，以中国传统体育文化为主题让学生了解传统体育文化中的修身养性基本理论，为自我养身、健身、强身服务，同时加强对中国传统体育文化中舞龙、舞狮、气功、武术等内容的理解；可以指导学生阅读中英文体育文学作品、欣赏竞技运动比赛，结合学生的兴趣爱好提供获取体育文化知识的渠道，提高学生的体育素养和审美能力。

（5）采用生活化、实用化等形式创编体育教学内容

采用生活化、实用化等形式创编体育教学内容可以通过以下几种形式体现出来：野外化（把在室内或正规场地进行的竞技运动改造为在野外的非正规场地可以开展的项目）、冒险运动化（增加一定的冒险性）、实用化（与实用技能相结合）、生活化（根据生活的条件进行项目改造）等。这种创编方式的特点是能够贴近学生的现实生活和实际需要，既能传授比较实用的运动技能，又能调动学生的直接学习动机，也增加了教材的趣味性。

例如，开展健美操、现代舞、街舞、韵律操等新兴运动项目的学习，激发学生的参与热情和运动兴趣，使体育与健康课程尽可能向学生的生活、社会和大自然方向延伸。在创编内容时，不能盲目地求新鲜，而要根据高校的条件、教师的能力和学生的兴趣，适量选择新兴运动项目。

（6）改造运动项目创编体育教学内容

改造运动项目创编体育教学内容主要是从基本结构方面对原运动项目进行改造，使其成为一种新的运动方式。这种改造主要是为了适应教学的需要和学生的特点，简化竞技结构，减小运动难度，调整场地器械规格，修改竞技竞赛规则，适应广大学生的实际情况，使其既能达到增强体能的效果，又能减轻运动时的生理负荷量。

要根据体育课程目标的具体要求，遵循体育规律和健身原理，在充分研究、分析竞技运动项目的可健身性、教师的可操作性和学生可接受性的基础上，采用走、跑、跳跃和投掷等基本活动形式，从运动的方向、路线、距离、顺序、节奏、难度、负荷、场地、器材、规则、参加人数等诸多方面，对竞技项目进行改造、

加工、延伸和拓展，并进行合理的排序、组合和创编，使其成为有价值的体育教材和体育手段。

（7）开发利用民族、民间传统体育内容，发展新兴体育运动项目

民族、民间传统体育内容有着广泛的群众基础和深远的社会影响。例如，蒙古族的摔跤、藏族的歌舞、维吾尔族的舞蹈、朝鲜族的荡秋千、锡伯族的射箭、彝族的射弩、白族的跳山羊，以及大众的踢毽子、滚铁环、抽陀螺等。对于一些适合教学需要的内容，可以直接引入运用，如踢毽子、抽陀螺、跳房子、滚铁环等；对于一些基本适合教学需要的内容，可以改编后再运用，如跳竹竿等。把这些教学内容引进课堂，不仅有利于继承和发扬民族、民间传统体育文化，还可以培养学生的创新能力。

此外，还可以利用空饮料瓶、空易拉罐、塑料袋、自行车废旧轮胎、旧报纸等易于收集的家庭废弃生活用品来创编体育教学内容。例如，将空饮料瓶装中装上五颜六色的水可以做标志物；将旧报纸做成纸棒、纸球、纸飞机等进行投掷练习。利用这些简易、安全的家庭废弃生活用品，不仅可以丰富教学内容，还可以为教学目标的实现提供有力的保障。

（8）以运动处方形式创编体育教学内容

以运动处方形式创编体育教学内容是一种按照锻炼的原理，将运动的强度、重复次数、速率等因素加以组合排列，根据学生不同的锻炼需要进行锻炼和教学的创编形式。这种创编形式有利于教会学生运用运动处方锻炼身体。

（二）高校体育教学内容的选择

1. 高校体育教学内容的选择依据

（1）体育课程目标

体育课程内容是实现体育课程目标的手段。体育课程目标的多元性及体育运动项目和身体练习的可替代性，增加了体育课程内容选择与组织的多样性。因此，在选择与组织体育课程内容时应依据一定的标准。体育课程目标是选择与组织体育课程内容的主要依据，这是因为体育课程目标作为体育课程编制各个阶段内容的先导和方向，作为对学生的理想期望，是专家、学者、教师等经过周密思考，认真研究了社会、学科、学生等不同方面的特点与需求的智慧结晶。

（2）学生的需要及身心发展规律

体育教学的目的是要促进学生的身心健康发展，因此在选择体育教学内容时，要充分考虑学生的需要及身心发展规律。学习是一个主动的过程，这个过程

需要学生自身积极的努力。一般来说，当遇到感兴趣的事情时，学生就会主动参与其中，从而有效地学习。正如美国教育学家杜威（Dewey）所说，当学习是被迫的而不是从学生真正的兴趣出发时，这种学习相对来讲是无效的。

目前的许多调查结果表明，大多数的学生喜欢课外体育活动，却不喜欢上体育课，其中一个重要的原因就是对教学内容不感兴趣。

学生的需要及身心发展规律决定了其对教学内容的接受程度。体育教学内容必须是学生可以接受，并经过努力可能实现的。因此，在高校体育教学内容的选择过程中，就需要根据学生的需要及身心发展规律确定教学内容的深度、广度和难度。

（3）社会发展的需要

学生个体的发展总是与社会的发展交织在一起的。高校体育教学是为学生的未来健康打基础的，因此在选择体育教学内容时，必须考虑现实社会与未来社会的需求。高校体育教学内容的选择不可忽视人适应社会发展所必需的体育素质，因此体育教学内容要满足学生在身体、心理和社会适应能力等方面发展的需要。

另外，高校体育教学内容只有与学生生活、社会生活紧密联系，才能真正成为趣之所在、志之所在，才能实现它的功能，所以课程内容的选择必须回归现实生活。

（4）体育教学素材的特性

第一，逻辑关系不强。逻辑关系不强是体育教学素材的最大特性，这种特性使得体育教学内容的选择无法完全按照难易程度和学生素质来进行。因此，高校体育教学内容往往只是以运动项目来进行划分，但它们之间的关系是平行和并列的，如篮球和足球、体操和武术。两个运动项目从表面上看似有联系，但这种联系并非能够分得非常清晰，而且没有先后顺序，我们也无法判断其中一个运动项目究竟是不是另一个运动项目的基础，因此无法确定教学内容内部的规定性和顺序性。

第二，规定性不强。一个运动项目可以达到多个体育目的，如有人用健美操锻炼身体，有人用健美操进行娱乐，也有人用健美操来表演。由此可见，一个人掌握了一个运动项目就可以实现多个体育目的。另外，体育内容具有相互替代性。人们不必拘泥在某一个运动项目上，通过不同的运动项目也可以实现同一目的。这个特性使得体育教学内容中没有什么非学不可和无法替代的运动。

第三，数量极大，内容繁杂，而且很难归类。人类几千年来创造出的体育运动项目种类繁多，而且它们各具特色，不同运动项目对身体素质的要求也各不相同。这就是体育教师难以精通全部体育项目的原因，也是体育师资培养提出“一专多能”要求的缘故，更是体育课程研究者难以找出最权威的运动项目组合和编写适合一切地区和教学条件的教材缘由所在。

第四，每个运动项目都有其独特的乐趣。例如，篮球和足球的乐趣是在激烈的正面对抗中运用自己的技术和队友之间的配合将球攻入对方的篮筐（球门）中；隔网类运动的乐趣在于双方队员在各自的场地中进行巧妙的配合，通过多次网上往返和争夺后，对方无法将球击回而取胜；目标类运动（保龄球、飞镖、高尔夫球、台球等）的乐趣在于通过长时间锻炼达到操作的稳定性，在实践中用精确的结果来验证自己的预想能力，并从中获得快感和自信；户外运动的乐趣在于获得征服自然后的超越感和在不同的环境中检验自己能力的成就感。

2. 高校体育教学内容的选择原则

（1）教育性原则

在面对众多体育教学素材的时候，首先应从教育的基本观点去审视它们是否符合教育性原则，是否与国家、社会的价值观念相冲突，是否对学生的身心发展有利。体育课程内容的选择应该紧扣体育课程目标，把“健康第一”的指导思想作为选择体育课程内容的基本出发点，同时重视教学内容的体育文化含量，以提升学生的体育文化修养。高校体育教学应以培养学生在品德、智力、体质等方面的全面发展为目标，坚持理论和实际相结合的原则，既要讲述人体科学知识，又要取得锻炼身体的实际效果，还要提升学生的体育文化修养，促进其身心健康发展。

高校体育教学内容的选择要符合不同学段学生的身心发展的特点和规律，充分考虑学生的个体差异与不同需求，确保每一个学生受益。此外，高校体育教学内容的选择还要符合不同地区、不同高校的实际情况，确保较大的选择空间和灵活性。

（2）可行性原则

可行性原则是指将本地区大部分高校的物质条件、教师能力及学生实际情况作为选择高校体育教学内容的主要参照标准。

（3）科学性原则

在选择高校体育教学内容时要注意科学性。这里所说的科学性有以下两层含义；一是所选择的教学内容要为增进学生的身心健康服务，要努力使学生在愉快的活动中促进身心的发展；二是所选择的教学内容要有助于培养学生的身体锻炼能力，使学生体验科学锻炼的乐趣，从而增强学生锻炼的自觉性和积极性。

（4）贯通性原则

在某一学段具体的教学目标、教学任务确定之后，教师可按照学生身体能力的具体情况，确定运动技术内容的传授顺序。体育运动技术内容的编排可以不完全按照教科书的顺序进行，但要具有一定的贯通性以确保不同动作学习之间的顺利过渡。同时，不同运动项目中的动作技能缺乏连贯性，不能随意搭配。

例如，在棒球和篮球运动中都涉及“接球、跑、投掷”等动作技能，因此可以在训练中把具有相似动作结构的内容放在一起安排教学，增强对动作技能的掌握程度。

（5）实效性原则

体育是一门以身体活动为主要手段、以增进学生健康为主要目的的课程。可以这样认为，一切对学生健康有利的教学内容都可以被纳入选择的范围，这将使体育教学内容更加丰富多彩。

所谓实效性，简单地讲就是某一活动是否实用、是否简便易行、是否有助于学生的身心健康。在选择体育课程内容时，一定要注意既要选择与学生自身的体育学习兴趣和经验相接近的，又要选择大众喜欢的、社会上比较普及的，并且有很好的健身娱乐效果的运动项目，为终身体育奠定基础。

（6）丰富性原则

高校体育教学内容的丰富性主要体现在教学形式多种多样、教学方法新颖独特上。例如，在教授低学段学生运动概念时，可结合游戏、体操等不同类型的动作形式，使学生直观地获得大量的有关运动概念的经验。但是，要注意高校体育教学内容的丰富性，不应以牺牲运动质量为代价。

（7）方法性原则

高校体育教学内容的选择应该掌握一定的方法，可以以动作技能、运动概念为导向进行动作技能和运动概念的组合教学，强调在对运动概念进行充分理解的基础上，有效地运用运动技能。

（8）趣味性原则

兴趣是提高学习效率最好的帮手，可以说兴趣是决定学生体育学习效果的一个主导性因素，因此高校体育教学应当突出其趣味性。

①有的体育教学内容过于强调竞技水平，应予以摒弃或对其进行改良。不可否认，多数竞技运动项目具有较高的健身价值和教育价值，但如果一味地用培养专业运动员的方法来进行日常体育教学，会使学生对体育课程产生抵触情绪。

②培养学生对多种体育运动的兴趣，为其多元化发展准备必要的条件。③充分考虑学生的喜好，尽量选择有一定趣味性的教学内容。同时，还要积极选用游戏、竞赛、角色互换等多样化的课堂内容来进行教学。

（9）健身性与文化性相结合的原则

高校体育教学内容的健身性是体育教学的本质属性的反映。在选择高校体育教学内容时，要以促进学生健康为出发点，内容的组织和编排都要有利于全方位地促进学生的健康。

高校体育教学内容的文化性就是体育教学内容要有利于提高学生对体育的认识，树立正确的体育价值观和体育理想，使之受到良好的体育道德的熏陶。健身性与文化性相结合，可以使高校体育教学内容既具有良好的健身价值，又具有丰富的体育文化内涵。

（10）理论与实践相结合的原则

高校体育教学内容以实践内容为主，学生必须反复参加体育活动，才能掌握体育知识和技能，并提高身体素质。但是，体育教学内容是十分丰富的，除实践内容外，还包含科学健身知识、心理健康知识、卫生保健知识，以及与体育文化素养有关的知识。因此，在选择体育教学内容时要注意理论与实践相结合，以实践为主、理论为辅。

（11）统一性与灵活性相结合的原则

第一，我国幅员辽阔，各地区的自然地理环境和气候条件差异较大，经济、文化和教育发展不平衡，体育教学的相关基础、起点也不同。

第二，学生的身心发展水平有差异，体育基础、接受能力也不相同，即使是同一个教学阶段的学生，也会表现出明显的不同特点。

因此，要从我国的国情和学生实际情况出发，使体育教学内容切实可行，既要有统一性，又要有较大的灵活性。

（12）民族性与世界性相结合的原则

高校体育教学内容既要体现民族性特征，也要与世界体育发展理念和发展趋势完美对接，只有这样才能把我国建设成为名副其实的体育强国。我们要以客观的眼光看待任何事物，既不能对自己民族性的东西盲目自信，也不能盲目崇拜舶来品。当今体育教学的宗旨是既要跟上世界发展的潮流，又要体现民族的特色。这就需要我国在保持中华优秀传统体育文化的同时，选择性地吸收和借鉴国外体育教育课程，从而形成具有时代性、先进性和中华民族特色的体育教学内容。

3. 高校体育教学内容的选择过程

（1）评估体育教学素材的价值

高校体育教师要多关注社会的发展和变化，以便在选择体育教学内容时可以根据社会的发展和变化情况对人产生的影响，以及人们在体育健身方面的需求较之过去发生的变化，对已有的体育教学素材进行具体分析。

需要注意的是，选择合适的体育教学内容需要进行科学的论证，要看其是否能够促进学生的身心健康发展、是否能够激励学生自主进行体育锻炼、是否能够提升学生的思想意识水平，然后依据所选的内容开展体育教学活动。

（2）整合运动项目与练习

高校体育运动项目种类繁多，运动形式也各式各样，因此它们对于人体产生的作用也是有所差异的。基于以上内容，在实际的体育教学中，在选择体育教学内容时，就必须在高校体育教学目标的基础上分析出各个运动项目对学生身体机能和体能素质具有哪些方面的促进作用，以及其中的原理是什么，然后将不同侧重点和功能的体育运动项目进行整合、筛选、加工，最后形成具有全面促进学生身体素质增强的体育教学内容。

（3）选择体育运动项目

实际上，大部分的体育运动项目适合作为高校体育教学素材。关键问题就在于如何对这些体育教学素材进行选择和组合，以便在有限的时间和空间内发挥出体育教学最大的效能。

高校体育教学内容可选择的范围巨大，要在教学的时间段内完成全部运动项目的学习是不现实的。这就需要在高校客观条件和学生全面发展的需求的基础上选择那些具有代表性的体育运动项目来作为教学的重点内容。

（4）分析所选高校体育教学内容的可行性

高校体育教学内容的可行性主要体现在以下几个方面：①学生方面。对高校体育教学内容进行选择，首先要考虑适切性，即体育教学内容一定要保证与体育课程目标相适应。②高校方面。在具体进行选择时，高校的教学环境、教学条件，以及体育教师的专业素养与执教能力等都是会产生影响的重要因素。此外，所选的体育教学内容也要适应学生的学习能力。③大众方面。高校体育教学的一个重要目的是培养学生的终身体育理念，因此这也是选择体育教学内容的重要依据。此外，培养学生的终身体育锻炼能力也是高校体育教学的重要目的，所以要选择在大众中流行的体育项目，还要贴近学生的生活实际。

第二节　高校体育教学内容存在的问题

一、高校体育教学理论研究需进一步深入

现阶段，我国高校体育教学理论研究已取得了一定的成果，但仍需进一步深入研究，这主要表现在以下几个方面。

（一）研究深度不够

我国的高校体育教学理论研究在理论高度和深度上与国际水平存在一定的差距。

历史和文化背景可能是一个重要因素。与西方国家相比，我国的教育体系和教育理念发展历程相对较短，这使得我们在体育教学理论方面的研究和探索相对较少。

社会环境也可能是一个影响因素。在当今社会，人们对于体育教育的认识和重视程度不断提高，但是对于体育教学理论的研究仍然不够充分。这可能导致我们在体育教学理论方面的研究和探索缺乏动力和支持。

（二）研究人员数量不足

我国从事体育教学研究的学者正逐渐增加，但与其他国家相比仍存在一定差距，这在一定程度上限制了我国在体育教学理论方面的研究深度和广度。

我国对于体育教学研究的投入和资源相对较少，这使得体育教学理论研究的发展和深入缺乏足够的支持。

此外，社会对于体育教育的认知和认可度也有待提高，这使得部分人不愿意从事体育教学研究工作。

（三）研究时间较短

我国现代体育教学研究开展的时间并不长，这在一定程度上影响了我国在体育教学理论方面的积累和发展。由于历史和现实的原因，我国在体育教学方面的研究起步较晚，相较于其他国家，我国在体育教学理论方面的积累和发展还存在一定的不足。然而，随着社会的发展和教育改革的深入，我国在体育教学研究方面的投入和努力正在不断增加，研究的广度和深度也在逐步提升。

（四）实践与理论联系得不够紧密

我国高校体育教学实践中存在的某类问题，往往无法在现有的教学理论研究中得到反映和解决，这也导致了我国高校体育教学理论研究与实践联系得不够紧密。在体育教学理论研究领域，研究可能更多地关注一些宏观的理论问题，而较少关注实际教学中出现的具体问题。这可能导致理论研究与教学实践的需求不完全匹配，无法满足实践中的实际需求。体育教学理论研究通常采用文献研究、调查、实验等方法进行。然而，这些方法可能无法全面地揭示教学实践应用转化的复杂性和多样性。实地观察、深度访谈、参与式观察等方法可能更加适合研究教学实践中的具体问题。体育教学理论研究成果的应用转化存在一定的局限性。如果研究成果无法有效地传递给相关的教育实践者，那么这些理论就很难对实践产生影响和指导。

二、高校体育教学思想观念的时效性有待提升

改革开放以后，我国社会各界以更加开放和包容的心态面对国内外的社会政治、经济、科学技术与文化发展，在高校体育教学方面，对国外先进的教育教学理念、教学思想、教学方法等进行分析与思考，并大胆引进。同时，在引入西方先进体育教学思想的同时，充分结合我国高校体育发展的实际条件和需求，进行本土化发展思考，积极探索属于我国的高校体育发展道路。但是，受传统教学的影响，部分教学问题依然存在，体育教学思想还停留在“教学”层面，对“人的研究”不够深入。

现阶段，我国高校体育教学思想的完全转变还需要一段时间，具体表现如下。

（一）传统教学思想在教学中的弊端仍然存在

在个别高校以教师为中心、对学生主体地位重视不够的现象仍然存在，学生的主体性体现不够。

首先，以教师为中心的教学方式容易让学生失去学习的主动性和积极性。在这种教学方式下，教师是知识的传授者，学生则是知识的接受者。学生常常只听从教师的安排和讲解，缺乏自主思考和探索。长此以往，学生可能会逐渐失去对学习的兴趣和热情，最终影响他们的学习效果。

其次，对学生的主体地位重视不够不利于培养学生的自主学习能力。在传统的教学方式下，学生参与教学过程的机会较少。这不仅会影响他们的学习成绩，还会影响他们未来的发展。在这个快速发展的时代，自主学习能力是非常重要的，

只有具备了这种能力，才能够在不断变化的社会环境中不断成长和进步。

最后，传统教学中的某类方式可能会影响学生的心理健康。如果学生长期处于被动学习的状态，他们可能会感到被忽视或不被重视，这可能会导致学生产生负面情绪（如自卑、焦虑等），就不利于他们的身心健康。

（二）新的体育教学思想观念的理解与实施存在不足

具体来说，受多种因素的影响，新的体育教育思想观念（如素质教育、终身体育教育）全面贯彻到教学实践中仍存在一些难题。要将新的体育教学思想观念应用到教学实践不仅需要克服各种外在制约因素的影响，还需要高校相关领导、教师、学生慢慢适应。

在传统的教学思想观念中，教师是知识的传授者，学生是知识的接受者。在个别高校，这种思想观念根深蒂固，难以在短时间内被改变。虽然新的体育教学思想观念强调学生的主体地位，注重培养学生的自主学习能力，但落实新思想需要时间和努力，需要逐步地改变教师和学生的角色和行为。

尽管新的体育教学思想观念在理论上具有很高的指导意义，但在实际操作中，往往存在具体的实施方案和细则不够完善的问题。这导致教师在教学中贯彻落实这些新的体育教学思想观念时，缺乏明确的目标和标准。新的体育教学思想观念的实施需要一定的资源和环境支持，如需要有足够的体育设施和器材及良好的教学环境和氛围等。然而，在一些高校中，由于资源不足或缺乏相应的条件，新的体育教学思想观念难以得到充分落实。教师是新的体育教学思想观念的实施者，他们的专业素养和教学能力对于贯彻落实这些思想观念至关重要。然而，一些教师可能缺乏必要的培训和专业发展，无法有效地将新的教学观念应用到实践中。新的体育教学思想观念也需要学生的积极参与和适应。然而，一些学生可能习惯了传统的学习方式，对于新的教学方式感到陌生和不适应，需要教师在教学中的积极引导，从而逐步适应新的学习方式。

三、高校体育教学论研究存在无序化问题

个别高校体育教学论研究存在无序化问题，具体表现为研究方法的缺失和理论构建与实践指向的模糊。在研究方法上，我国高校体育教学论研究存在一定的不足。一方面，有的研究缺乏明确的研究方法，或者使用的方法不够科学、严谨，这导致研究结果的可靠性、可重复性和可推广性受到质疑；另一方面，不同研究之间缺乏统一的方法论指导，导致研究结果之间不易进行比较和整合，进一步影

响了高校体育教学论研究的深度和广度。在理论构建与实践指向上，个别高校体育教学论研究也存在无序化问题。一方面，有的研究过于注重理论构建，而忽略了与实践的紧密联系，导致理论缺乏实际应用价值；另一方面，部分研究过于关注实践问题的解决，而忽略了理论指导的重要性，使得实践缺乏系统性和可持续性。这种理论与实践的脱节现象，不仅影响了高校体育教学论研究的整体质量，还限制了其在实践中的应用和发展。

（一）高校体育教学论研究方法的缺失

从哲学的角度上讲，目前的体育教学论所运用的哲学方法偏重于认识论，没有充分体现历史辩证法的精神。从我国体育教学论发展的历程可以看到，体育教学理论曾经发生过彻底否定与全盘肯定的现象。在体育教学论开放发展的今天，体育教学论研究者在接受新理论的同时，要注重体现辩证法的精神。

高校体育教学论研究方法的缺失，还表现在个别高校对体育教学过程中的认识活动进行机械的、静止的分析，对体育教学过程客观规律的必然性、复杂性缺乏论证，结论或要求存在一定的主观任意性。例如，体育教学目标、体育教学原则、体育教学方法、体育教学模式、体育教学策略等大部分是从教学论、教育学中演变而来的，在教学中要根据体育教学认识论来重新审视或再次抽象概括。

概括地说，当前体育教学论研究方法的缺失主要表现为双重替代论和无为论。双重替代论是指我国体育教学研究的方法论的理论基础来源于教学论，而“教学论的理论基础长期以来只以哲学认识论为唯一理论基础，简单地用哲学认识论公式去套教学过程”。这导致我国的体育教学论研究的理论支撑不足。无为论是指体育教学论研究者除移植教学论的研究方法外，在方法论方面的重视程度不够。

（二）高校体育教学论理论构建与实践指向不够明晰

从对体育教学论的学科定位分析可知，体育教学论是一门实践性很强的理论型应用学科。这样双重的性质使得体育教学论面临着双重的困境：一方面是理论研究的时效性不足；另一方面是与实践脱节的联系不够紧密。

体育教学论是一门理论学科，首先必须肯定的是，理论学科决定研究者研究的理论范型，但并不决定其在价值关系上也是理论的。换句话说，理论研究不等于理论本身，否则只能导致理论的失真。

在这一问题上，目前我国体育教学论学科的理论构建中仍然存在一些拘泥于理论研究的现象，这往往会分散研究者的注意力，使得体育教学论在深入研究现实发展与未来展望方面存在不足。

体育教学论也是一门应用学科，其理论具有实践指向性。然而，体育教学论的实践指向性并不决定学科研究中的实用主义倾向。毫无疑问，体育教学论要以实践经验为基础，研究和解决体育教学中的实际问题，并从实际问题的研究出发，构建自身的理论体系去指导实践教学，以此循环反复，否则体育教学论就没有存在和发展的必要和可能。

当然，体育教学论在以实践经验为基础的同时，也应该注意以实践经验为基础并不等于体育教学论就应该停留在就事论事的表面思考上。这里主要是指，一些学者对体育教学论的研究，着重关注体育教学活动相关的、直接的、具体的操作，而对体育教学活动的联系性、普遍性等缺乏理性关注，缺少归纳反思、实践经验的工作。体育教学论要指导教学实践，但教学论不能只指导个别特殊的体育教学活动，尤其不能只指导我们都已熟知的那些体育教学活动。

体育教学论不能只承认教学现实，不能只解决教学现实问题，应该在解决教学现实问题的基础上有针对性地进行升华，归纳出其实质性的规律，将已掌握的体育教学中的特殊规律上升到一般规律。虽然我们的体育教育工作者目前已经逐步提升了这方面的能力，但在反思这些问题背后的实质方面仍存在一定的不足，这使得体育教学论的理论视野不够广阔，体育教学论的研究成果亟待深入和整合。

四、高校体育教学内容不够丰富

当前我国高校体育教学存在一些问题，如教学内容不够丰富等。多数高校在体育项目的设置上已经较为科学合理，但对于新兴的体育项目和健身方法的引入方面仍有进一步强化的空间。同时，过于注重教学目标的确立和实施，使得在教学过程中过于强调竞技性，对体育教育本质的重视程度不足。

竞技性体育项目的独立性特征确实非常突出，不同的项目需要不同的训练要求和方法。然而，高校体育教学的目标应该是多方面的，因此我们需要改变传统的以竞技为中心的教学观念，将教学的重心转向增强学生体质、促进学生全面素质的发展上。

开设高校体育课程的主要目的应该是使学生通过参加各种体育活动，增强身体素质和心理素质，培养坚韧不拔的意志和团队合作精神。同时，还应该使学生了解和掌握一定的运动技能和知识，养成健康的生活方式，并树立终身体育的观念。因此，我们应该将教学的重心放在这些方面。

当然，竞技性体育项目也是体育教育的一个重要组成部分，可以培养学生的竞争意识和进取心。但是，这并不意味着应该将竞技性作为高校体育教学的全部目的。我们应该根据学生的兴趣和需求，开设多样化的体育课程，注重学生的全面发展和个性培养，使高校体育教学更加符合现代教育的理念和要求。

竞技性体育项目在当前的高校体育教学中占据了很大的比重，但这并不意味着它应该成为体育教学的全部内容。过度追求竞技化的体育教学可能会有以下几个表现。

①忽略学生身体素质的发展。竞技性体育项目的训练往往集中在某些特定的技能和素质上，如速度、力量、耐力等。但学生的身体素质是一个全面的概念，包括力量、速度、耐力、柔韧性、协调性等许多方面。如果只注重竞技性体育项目的训练，可能会忽略其他身体素质的发展，这对学生身体素质的全面提升是不利的。

②陷入程式化训练的误区。竞技性体育项目的训练往往需要遵循一定的程式和规则，这可能导致体育教学变得过于机械化和程式化。如果教师只按照竞技体育的要求进行教学，而不考虑学生的个体差异和兴趣爱好，那么这种程式化的训练方式可能会限制学生的创造力和运动热情。

③与增强学生体质的目标相悖。虽然竞技性体育项目可以提高学生的身体素质，但如果过度强调竞技体育，可能会导致教学的重心偏离，甚至与增强学生体质的目标相悖。学生的体质健康不仅包括身体素质的提高，还包括良好的心理状态和生活习惯的养成。过度强调竞技体育可能导致学生对体育运动的看法产生偏差，甚至产生运动疲劳和运动损伤等问题。

因此，应该在体育教学中合理安排竞技性体育项目的比重，同时也要注重其他身体素质的发展，如灵敏度、柔韧性、协调性等。此外，还要关注学生的个体差异和兴趣爱好，鼓励他们参与多样化的运动项目，培养他们的运动习惯和终身体育意识。

五、高校体育教学内容需进一步完善

高校体育教学内容需进一步完善主要表现在以下几个方面。

（一）需求结构方面

1. 知识背景

大学生一般已经完成了基础教育和中等教育，拥有一定的知识储备和学科基础。因此，他们可能更加关注体育与其他学科的交叉融合，以及体育与科技、社会的联系。作为一门综合性学科，体育与许多其他学科之间存在交叉和融合。例如，体育与医学、心理学、社会学等学科都有密切的联系。在医学方面，体育可以改善身体健康状况，预防和治疗一些疾病；在心理学方面，体育可以帮助人们缓解压力、增强自信心和自尊心；在社会学方面，体育可以促进社会交流、增强社会凝聚力。

随着科技的不断发展，体育与科技的结合也越来越紧密。例如，现代科技手段可以用于体育训练和比赛中，提高运动员的成绩和比赛水平。同时，科技手段也可以为体育产业的发展提供支持，如虚拟现实技术可以用于体育游戏、在线健身等领域。

2. 技能水平

大学生通常已经具备了一定的运动技能和体能基础，因此他们可能会更加关注技能的深化和拓展，以及如何将所学技能应用到实际生活中。

在技能深化和拓展方面，大学生可以通过参加专项体育课程、加入体育俱乐部或参加体育比赛等方式，进一步提高自己的技能水平。他们可能会深入研究某一特定运动项目，如篮球、足球、游泳等，通过专门的训练和指导，提高自己的技能和竞技水平。此外，他们也可能通过自学和实践，探索新的运动项目和技能，以拓展自己的运动领域和视野。

在将所学技能应用到实际生活中方面，大学生可能会更加关注如何将体育技能和知识应用到日常生活中。他们可能会参加各种体育活动和比赛，通过实践来提高自己的技能和竞技水平。同时，他们也可能更加关注体育与健康的关系，通过合理的锻炼和饮食安排，保持身体健康和良好的心理状态。此外，大学生还可能通过实习、志愿服务等方式，将所学技能应用到实际工作中，以提升自己的社会适应能力和职业素养。

3. 情感和价值观

大学生更加关注自身的心理健康和社会责任，他们可能更加关注体育对于心理、情感和价值观的影响，以及如何通过体育来表达自己的价值观和态度。

在心理方面，大学生可能会更加关注体育对于心理健康的影响。通过参与体育运动，他们可以释放压力、缓解焦虑和抑郁等负面情绪，同时也可以提高自尊心和自信心。此外，体育运动也可以帮助大学生培养坚韧不拔、团队合作等积极心理品质，这些品质对于他们的个人成长和社会适应都有很大的帮助。

在情感方面，大学生可能会更加关注体育对于情感交流和表达的作用。体育运动可以帮助他们与他人建立良好的人际关系，增强社交能力，同时也可以帮助他们更好地理解他人的情感和需求。此外，通过参与体育运动，大学生也可以体验到团队之间的默契和协作带来的快乐和满足感。

在价值观方面，大学生可能会更加关注如何通过体育来表达自己的价值观和态度。通过参与体育运动，他们可以展现出积极向上、乐观开朗的人生态度，以及追求卓越、勇攀高峰的进取精神。此外，通过参与体育运动，大学生也可以传递公平、公正、诚信等积极价值观，这些价值观对于社会的和谐发展具有重要意义。

4. 目标和期望

大学生更加关注未来的职业发展和个人成长，他们可能更加关注体育对于个人发展的影响和作用，以及如何通过体育来实现自己的目标和期望。

在个人发展方面，大学生通常会制订自己的目标和期望，并努力实现这些目标。通过参与体育运动，他们可以获得很多有益的经验和技能，如团队合作、领导力、沟通能力和解决问题的能力等。这些经验和技能对于他们未来的职业和个人发展都有很大的帮助。此外，通过体育运动，大学生还可以提高身体素质和健康水平，这对于他们的个人成长和幸福感提升也有很大的影响。

在实现目标和期望方面，大学生可能会更加关注如何通过体育来实现自己的目标和期望。例如，他们可能会通过参加体育比赛或体育俱乐部来提高自己的技能和竞技水平，以实现自己的目标和期望。此外，他们也可能通过参与体育运动来建立自信、培养自律的品质，这些品质可以帮助他们更好地应对未来的挑战和机遇。

（二）学习动机方面

大学生逐渐意识到了自身价值，自我意识急剧增强，这使得他们在学习中的主动性也随之增强。他们开始更加注重自己的发展和成长，意识到学习是为了自己，而不是为了应对考试或满足他人期望。

（三）未来准备方面

大学生接受体育教学，除锻炼身体、提高运动技能外，更重要的是为了将来能够更好地工作、学习和生活而做能力上的准备。因此，高校体育教学内容应该更加注重实用性和综合性，帮助学生提高各种能力，如团队合作能力、领导力、解决问题的能力、创新能力等。

六、高校体育教学资源配置需进一步提升

高校体育教学需要各种资源的支持，包括物力资源、财力资源和人力资源等。然而，与其他学科教学相比，我国体育教学资源的配置存在一定的不足，对教学实践的开展产生了一定的影响。

在物力资源方面，我国高校的体育教学场地、设施、器材等不能充分满足大学生的课余体育健身需求，限制了体育教学活动的开展。

在财力资源方面，我国目前对高校体育教学经费的投入有限，因此用于体育场地建设、体育教学研究方面的资金较少。当前高校在购置体育器材、建设专业教学场地方面普遍展现出高度的重视，但在匹配学生的需求量方面仍存在较大的提升空间。

在人力资源方面，体育教师是高校体育教学的引导者，对学生的体育学习有着重要的影响。只有充分提升体育教师的教学能力和教学水平，才能较好地开展高校体育教学工作，推动高校体育教学改革。

目前，我国的高校师资队伍建设方面，无论是在“量”上，还是在“质”上，都存在一定的不足。随着我国体育人才培养的日益增多，我国高校的体育教师数量得到了一定的补充，但是在高校师资学历结构方面，我国高学历教师的占比仍有进一步提升的空间，在教师综合素质方面，高校体育教师中兼具丰富教学经验、较高教学能力和高超运动技术的教师人数还需进一步增加。

第三节　高校体育教学内容的改革策略

一、教学内容选用以学生为本

以学生为本是高校体育教学内容改革的一个重要特点，对于高校体育教师来讲，体育教学活动面向的是全校学生，学生的不同特点及情况会影响教学内容的选择。在当前体育教学改革的推动下，体育教学内容的选择越来越重视教学活动中学生的主体地位，强调“以人为本”的教育思想。

因此，高校体育教师在选择体育教学内容时应该坚持以学生为本，按照学生的性别、特点、兴趣爱好及阶段性的身心发展特点来对教学内容进行选择。只有这样才能真正提高学生学习的积极性和主动性，使学生更加深刻了解体育，实现学以致用。

二、重视学生各项素养的培养

全面发展的人才是现代社会所需要的人才，因此教育的任务也扩大到提升学生的全面素质上。作为人才培养的一个重要环节，体育教育选择的教学内容也应该满足培养学生的各项素养，特别是体育素养的需要。

在进行高校体育教学内容的选择时，首先应该关注学生的生理健康，帮助学生发展各项运动技能；其次应该关注学生的心理健康，帮助改善学生的心理状况，促进学生心理的健康发展；最后应该注意高校体育教学内容对学生各项价值观念形成和发展的影响，引导学生形成正确的人生观、价值观、体育观，以及锻炼学生的意志品质等。

三、科学合理地开发体育教材

高校基于对本地区实际情况的充分了解，在体育学科的具体特点及体育项目等基础上进行校本教材与教学内容的开发，这在体育课堂教学、课外锻炼等方面也大有用武之地，国家、地方与高校都应该大力提倡有效合理利用各种教学资源。

四、丰富体育文化内容

校园文体活动是体育文化在校园中传播、发展的重要手段，高校要确保学生参与校园文体活动的权力。因此，高校在做好日常体育教学活动之外，还应该与本校的实际情况相结合，具体、恰当地安排群体活动项目，可以增加一些较为大众化、趣味性强、喜闻乐见的运动，通过群体体育活动来增进学生对体育文化和体育竞赛的了解，不断提高学生的体育文化素养和体能水平。

如今，可以将校园体育文化建设与课堂体育教学活动相结合，体育教学内容的选择也应该考虑本校的教育教学计划、本校所在地区的季节特点、本校的教学时长等。按照本校的实际情况选择适合的体育教学内容，形成独有的校园体育文化建设特色与课堂体育教学特色，促进学生更好地了解体育文化、学习体育知识、传承体育文化、发展体育事业。

五、完善体育宏观教学内容

（一）突出体育教学内容的实用性

高校体育教学内容的选择应该既尊重客观现实、满足学生的兴趣和现实需要，又充分考虑大学生的自我发展和社会适应性的提高。这样才能够为学生提供更多选择和机会，使他们在体育活动中获得更全面的发展。同时，为学生提供良好的学习条件也是非常重要的，这样才能够保证体育教学内容顺利实施，产生更好的学习效果。

（二）创新体育教学内容的体系

社会发展日新月异，高校体育教学也要与时俱进。在社会发展的新条件下，高校体育教学内容越来越重视与学生日常生活之间的联系，与社会发展需求相一致，这同时也对体育教学内容的丰富性与实效性提出了越来越高的要求。一般来说，创新体育教学内容的体系应当包括身体教育、保健教育、娱乐教育、竞技教育和生活教育五个方面。

1. 身体教育

身体教育是体育教学的重要方面，其主要目的是提高机体的各项基本活动能力和人的身心健康水平。身体教育体现了高校体育是为学生的体质健康服务的本质特征。基于“健康第一”的体育教学指导思想和理念，高校体育教学越来越重视学生的健康水平，尤其注重身体的发育和发展，以及力量素质、耐力素质及柔韧性等与体质健康密切相关的运动素质的发展。

2. 保健教育

保健教育具体是指教育学生学会在学习体育知识和生活实践中保护自己的安全和健康状况，其中包括一些生理、保健、运动处方等方面的知识。将保健知识融入体育教学，能为学生的健康成长增加一道坚实的屏障。

3. 娱乐教育

娱乐教育的提出旨在提高学生参与体育学习的兴趣和热情，调节学生的情绪，从而提高学生的学习效率和学习能力，同时它也是“以人为本”核心教育思想的重要体现，值得广大体育教育工作者关注。娱乐化的体育活动为社会生活增光添彩，与人们的生活紧密相连，受到人们的普遍性欢迎。每个民族、每个地区都有着独特的、丰富的娱乐体育活动，因此也为娱乐教育提供了丰富的资源。

常见的民族和民间娱乐体育项目有许多，如武术、太极拳、踢毽子、抖空竹、荡秋千等。将这些项目发展为高校娱乐教育项目，不仅丰富了高校体育活动内容和体育课程资源，还可以促进我国传统体育文化的传承与发展。

4. 竞技教育

竞技教育主要是指为了专项运动的比赛成绩，以专项运动项目为主要内容的体育教学。在过去很长一段时期内，由于提升国际影响力的需要，我国高校体育发展的重点放在了竞技体育项目上，之后随着我国经济与社会的全面发展，国家新课程改革对体育教学提出了“健康第一”“以人为本”“终身体育”的思想和理念，竞技体育不再占据高校体育教学的绝对主导地位，而是与国家新课程改革所倡导的体育教学新思想和理念并重发展。

作为体育文化的一个重要组成部分，竞技体育有着不可替代的积极作用，主要体现为培养学生对体育运动的兴趣，增强学生的体质健康，培养学生坚强的意志品质，提升学生竞争、合作的意识与社会责任感等方面。然而，在一般性的体育教学中，不能将对运动员的要求直接生搬硬套，否则会适得其反。对于非体育专业、非运动员的学生要区别对待，根据其实际情况，对体育教学内容进行改造和优化，促进学生运动技能的提升和全面发展。

5. 生活教育

生活教育主要指野外防卫训练、户外拓展练习、冒险教育及健康生活的相关教育。人们的生活深受社会发展的影响，城市化发展带来了越来越高的物质生活条件，但同时也给人们带来了巨大的精神压力和环境压力，人们都渴望通过回归自然和亲近自然获得身心的放松和愉悦。随着这种追求的不断提升，对人的综合知识又有了更大的要求，于是许多与生活教育相关的新型体育教学内容应运而生。

当前，我国高校体育教学中的生活教育还没有大范围普及，但是随着社会的进一步发展，以及体育教学改革的持续深化，生活教育在未来的高校体育教学中的比例逐渐增加是必然的趋势。尤其是具有冒险性、趣味性和实用功能的野外生存和拓展训练，将作为生活教育的重要内容在未来的高校体育教学中得到推广。

（三）加强体育教学内容的拓展

拓展体育教学内容可以更好地培养学生的学习兴趣，使学生的体育学习兴趣从课堂延伸到课后，最大限度地提高学生的体育能力，同时也能够拓宽体育教学的渠道。拓展体育教学内容的主要方法是改革原有的体育教学内容体系，整合不同类型的运动项目，按照新课程标准要求确定不同学习领域的不同层次学习目标，根据学习目标与相关要求对不同水平学生的运动能力和发展目标提出不同的要求，在运动项目类型的变更中实现技术上的综合，并不断进行有创造力的变革。此外，要更新原有体育教学内容的运动形式，与现代新兴体育运动结合起来满足不同学生的身心发展需要和兴趣爱好，使体育教学内容更加丰富和多元化。

具体来说，拓展体育教学内容要注意以下几点。

1. 结合学生的生活经验及兴趣爱好拓展

高校体育教师在拓展体育教学内容时，要注意结合学生的实际生活引进一些生活化、大众化的教学内容，这就要求体育教师了解学生在日常生活中的兴趣爱好，按照学生的兴趣爱好和生活经验设计喜闻乐见的游戏教学内容和其他活动内容，使学生既能在课堂上积极学习，也能在课后自娱自乐玩耍。与学生生活相贴近的教学内容往往可以吸引学生的注意力，激发学生的学习热情，使学生将课堂学习和自己的生活经验相结合，在学习中运用积累的经验，提高学习效率，同时也能在生活中运用课堂上所学的内容来丰富生活。

2. 体育教师引导学生自主拓展

拓展高校体育教学内容不仅是体育教师的职责，还是学生应该参与的有意义的项目。学生自主拓展、自主练习，可以丰富学生的情感体验，提高学生的创造力，同时也能增强学生的自主学习能力，更好地培养与延续学生的学习兴趣。在学生自主拓展教学内容的过程中，体育教师要做好积极的引导工作，传授正确的拓展方法，提高拓展效率和成果。

3. 通过拓展培养学生的创新思维

在拓展高校体育教学内容的过程中，要注意培养学生的创新思维，将体育教学内容的拓展性实施和学生的思维训练相结合，培养学生的创新精神，提升学生的创新实践能力。因此，可以通过以下措施来实现上述目标。

（1）提供多元化的学习活动

设计有趣的学习活动，引导学生主动参与和探索，激发他们的创造力和想象力。例如，可以组织学生制作新型体育器材、设计新颖的体育运动项目等。

（2）引导学生寻求解决问题的新思路

提出有挑战性的问题，鼓励学生思考和探索不同的解决方案。通过引导学生反思和讨论，培养他们的自主思考和创新思维。

（3）提供创新资源和平台

为学生提供必要的资源和技术支持，如计算机软件、设备和实验室等。同时，鼓励学生利用这些资源，自主开展创新实践，如设计新型训练方法、制作创意教学视频等。

（4）鼓励学生分享和合作

促进学生之间的交流和合作，通过分享和讨论彼此的创新思路和实践经验，激发学生的创新能力。

（5）注重学生的思维训练

在高校体育教学中融入思维训练的内容，如逻辑思维、创造性思维和批判性思维等。通过培养学生的思维能力，提高他们解决问题、创新和决策的能力。

（6）激发学生的学习兴趣

设计有趣、具有创新性的教学内容，以激发学生的学习兴趣和主动性。通过培养学生对体育知识的好奇心和探索欲望，推动他们在体育教学中展示创新思维。

六、完善体育具体课程内容

（一）安排具体课程教学内容

1. 安排体育基础课程教学内容

体育基础课程教学内容主要包括恢复性的运动练习、身体素质训练、科学锻炼方法、常见运动项目的简介及基础体育理论知识等。

（1）恢复性的运动练习

恢复性的运动练习通常包括身体拉伸、放松运动、适当的按摩和触觉训练等。这些练习旨在恢复运动后的肌肉和关节，减少运动损伤的风险，并促进身体的恢复和健康。

（2）身体素质训练

身体素质训练主要是通过体育活动和运动训练来提高学生的身体素质水平，包括力量、速度、耐力、柔韧性和协调性的训练。通过不同的训练方法和练习，学生可以提高自身的身体素质和运动能力。

（3）科学锻炼方法

教授学生科学合理的锻炼方法，包括适宜的训练强度、训练频率和训练时间，以及正确的姿势和动作技巧等。通过学习科学锻炼方法，学生可以了解到如何根据自身情况制订合理的训练计划，并正确地进行训练。

（4）常见运动项目的简介

体育基础课程还会介绍常见的运动项目，如足球、篮球、排球等各种球类项目。常见运动项目的简介将向学生介绍运动项目的规则、基本技能、战术等，并培养学生对这些项目的基本了解和兴趣。

（5）基础体育理论知识

体育基础课程还包括一些基础的体育理论知识，如运动生理学、运动心理学、运动训练学等。通过学习这些理论知识，学生可以更好地理解运动的原理和规律，提高运动的效果和安全性。

2. 安排体育俱乐部课程教学内容

体育俱乐部课程教学内容主要包括各专项运动的战术和技术、各专项运动具体身体素质训练、专项运动项目的比赛规则与技术要点、运动营养与健康理论研究、运动性疾病的预防与康复、常见运动损伤的及时处理等。

体育俱乐部课程内容的设置通常更加科学化、人性化，与传统教学模式不同，体育俱乐部更加强调军事体育管理，课程时间、教学形式具有一定的自主性，可由教练员和运动员自行决定。体育俱乐部班级人数也有一定的限制，通常每个班级的人数不超过 40 人，以确保课程的质量。

3. 安排体育必修课程教学内容

体育必修课程教学内容会围绕学期末的体育课程考核展开。通常考核内容包括一些基本的身体素质测试和常见的运动项目，旨在评估学生的身体素质水平和运动技能。常见的考核项目如下。

（1）俯卧撑和仰卧起坐

俯卧撑和仰卧起坐是评估学生上肢和躯干肌肉力量和耐力的常见测试项目。

（2）往返跑

往返跑是测试学生爆发力和速度的项目，也能够提升学生的协调能力。

（3）50 米跑

50 米跑是测试学生爆发力和速度的项目。

（4）400 米跑和 800 米跑

400 米跑和 800 米跑是测试学生耐力和心肺功能的项目。

此外，在体育必修课程中往往也会设置一些体育保健课程，这些课程的内容包括了对学生身体和运动健康的相关知识。例如，体育保健课程可以包括健康饮食、运动前后的热身与放松、体育伤害预防和急救等内容，以提高学生的体育保健知识和自我保护能力。

4. 安排体育选修课程教学内容

体育选修课程教学内容的设置可以根据高校的情况和学生的兴趣进行灵活调整。这样的灵活设置可以更好地满足学生的多样化需求，并激发他们参与体育锻炼的积极性。在体育选修课程教学内容的设置过程中，可以考虑以下几个方面。

（1）多样化的体育项目

选修课程可以涵盖多种体育项目，如体操、网球、滑冰、武术等。通过提供多样化的体育项目，可以满足不同学生的兴趣爱好，让他们有更多的选择和参与机会。

（2）系统性的训练课程

在体育选修课程教学内容的设置过程中，可以设计一些系统性的训练课程，帮助学生建立基本的运动技能和体能素质。例如，可以设置训练课程以帮助学生提高某项技术、增强身体素质或培养竞技精神。

（3）创新性的体育活动

除了传统的体育项目，还可以在选修课程中引入一些创新性的体育活动，如户外拓展训练、攀岩、潜水等。这些创新性的体育活动可以激发学生的探索精神和挑战自我的意识，培养他们的团队合作和领导能力。

（4）综合性的选修课程

为了满足不同学生的需求和兴趣，可以设置一些综合性的选修课程，如体育养生、健身跳绳、太极等。这些综合性的选修课程可以提供一些健身养生的知识和技能，帮助学生培养良好的生活习惯。

（二）明确课程教学内容的课时数

传统教学内容的总课时设置一般以教师和教学内容为中心，忽略了学生自身的发展情况和接受度，所以现阶段的课时设计要对传统课时设计的格式化、规范化特点进行克服，结合教材，充分考虑学生的现有水平和认知能力，使设计的课时结构具有开放性、灵活性的特点，并注重个性化的教学内容。

课时计划的格式多种多样，除了常见的文字式课时计划，也可以编写表格式、图片式的课时计划。如今，我国的课时计划常采用“互动型”格式。“互动型”课时设置不仅强调教师的教学时长，还考虑学生的吸收理解、实施教学活动的时长。“互动型”课时时长包括每单元、每章节课次及每课次的具体时间，整个的课时时长包括开始部分、准备活动、主体教学内容、结束总结四个阶段占用的时间。

教师应按照具体的教学目标和教学重难点对每个体育教学内容的课时数进行设计，重难点教学内容应该安排足够多的课时数以保证每个学生掌握相应知识。

第四节　高校体育教学内容的发展趋势

一、教学内容的学段分化和教学需求化发展

在高校传统体育教学中，教师只是简单地按照教学目标来选择对应的教学内容，有的甚至只是教授体育运动项目的技术，这样的情况导致所选择的教学内容不够科学和严谨。高校体育教学应该更加重视对教学的科研工作，相关教师在选择教学内容时应该进行多方面的考虑，按照教学的客观条件和学生的不同阶段、不同性别、不同特性、不同需求进行科学选择，尽可能使所有学生的学习需求得到满足。

二、教学内容更加关注学生的教学主体性

高校体育教学内容的选择不是一件简单的事情，会受到各个方面的制约和影响。在高校体育教学改革之前的教学大纲中，教育工作者的价值取向通常都会对教学内容的选择产生影响。随着体育教学改革的不断深入，当前的高校体育教学致力于改变以往传统的、为实现教师教学而选择教学内容的方式，逐渐改变为从学生的实际需求出发，重视学生的价值取向，让教学内容更好地服务学生。

三、教学内容更强调对学生综合素质的提升

传统高校体育教学的主要目的是发现和培养竞技体育的专业人才，所以在教学内容的选择上多是专业性很强的体育运动技能训练，侧重学生技能和体能方面的训练。随着体育强国战略的实施和体育教学改革的推进，体育更加强调学生身心健康的全面发展，明确当前教育的主要目的在于培养学生成为适应社会发展的全面型人才，注重提高学生的综合素质。在这样的情况下，“终身体育”“健康第一”等教育理念指导着高校体育教学内容的选择，强调教学内容应选择有利于学生身体、心理、社会适应能力等全面发展的内容。

四、教学内容更注重学生的终身体育培养

在传统的高校体育教学中，竞技性内容比较多，强调学生竞技能力的发展。在现代，高校体育教学强调学生的长远发展及培养学生的终身体育意识和技能。

因此，高校体育教学内容强调为学生终身体育服务，而不是竞技水平的不断提高。为了实现终身体育的目标，在选择教学内容时要贴合学生的生活，处理好健身性、娱乐性及文化传承性的关系，同时也需要关注、指导学生的自我体育。

五、教学内容要加强与社会体育的接轨

随着经济的迅猛发展和生活质量的日益提高，人们的思维方式、生产生活方式及学习工作方式均发生了明显的变化，体育习惯也随之发生了相应的变化，人们逐渐形成了现代运动观念，即按照自身兴趣爱好追求休闲娱乐的健身运动项目。这一变化对高校体育教学内容的选择提出了新的要求。在高校体育教学内容的改革过程中，要将迎合社会发展趋势的时尚运动、实用项目纳入教学内容，使社会流行体育与高校传统项目交相辉映，发挥社会流行体育的社会功能，为学生将来更好地适应社会环境奠定基础。

第三章　高校体育教学方法的改革与发展

随着社会的不断发展和进步，高校体育教学方法的改革与发展也日益受到重视。传统的体育教学方法存在单一、依赖性强、缺乏个性化等问题，已经难以适应当代大学生的需求和发展要求。为此，推进高校体育教学方法的改革与发展，对于提高教学效果、培养学生综合素质具有重要意义。本章围绕高校体育教学方法概述、高校体育教学方法存在的问题、高校体育教学方法的改革策略、高校体育教学方法的发展趋势等内容展开研究。

第一节　高校体育教学方法概述

一、高校体育教学方法的内涵

高校体育教学方法是体育教师和学生在体育教学过程中为实现体育教学目标和任务而采用的教学方式、途径和手段等的总和，其具体内涵可以从以下几个方面进行了解。

（一）体育教学方法是教与学的统一

高校体育教学活动主要包括教师的“教”和学生的“学”两个方面。其中，教师是教学活动的主导，学生是教学活动的主体，师生之间的关系非常密切。高校体育教学方法是针对学生来进行选择和运用的，可以在师生的双边互动中逐步实现体育教学的目标和任务，也只有师生之间实现有效的双边互动，才能真正发挥高校体育教学方法的价值和作用。由此可见，高校体育教学方法是教与学的统一。

（二）体育教学方法是师生行为的总和

高校体育教学方法是在师生互动中得以贯彻和实施的，其是体育教师和学生之间行为的总和。不同于注重语言要素的其他学科教学方法，高校体育教学方法更加注重动作要素。在高校体育教学活动中，体育教师经常要采用示范法、讲解法等体育教学方法帮助学生掌握各种动作，还要通过师生互动，使学生在不断练习、及时纠错的过程中掌握相应的技术动作。由此可见，高校体育教学方法是师生行为的总和。

（三）体育教学方法不能脱离教学目标

每种体育教学方法都具有一定的目标性，一旦体育教学方法与教学目标相脱离，体育教学方法也就没有了存在的意义。与此同时，体育教学目标如果与体育教学方法相脱离，也很难有效实现。因此，高校体育教学方法要为体育教学目标服务，并同体育教学目标之间保持密切联系，不能与体育教学目标相脱离。

（四）体育教学方法具有多元化功能

现代体育教学不是简单的动作和技术的传授，其还极为注重学生身体素质的增强和身心的全面发展。作为体育教学中服务于教学目标的重要内容，高校体育教学方法必然要具有多元化功能，其多元化功能具体体现在以下三个方面：第一，可以传授学生动作和技术；第二，可以增强学生体育运动能力；第三，可以促进学生思想道德品质和心理素质等的发展。

二、高校体育教学方法的特点

高校体育教学方法既遵循教学过程的规律和原则，又与体育教学活动紧密联系，它与其他学科教学方法既有共同的特点，又有自身独特的特点。高校体育教学方法的特点主要表现为以下几个方面。

（一）操作性

高校体育教学方法是在体育教学过程中，师生为了完成体育教学任务，实现体育教学内容的有效传递，进行学习及运用的途径和手段，它起着类似桥梁的中介作用。体育教学方法与体育教学实践紧密相连，教师和学生将教学方法作用于教学内容，学习体育知识、技术，体育教学方法的作用方式、具体步骤、施用对象的具体要求等，都应是可以操作的。因此，操作性是体育教学方法的基本特点。评价教学方法好坏的一个重要方面就是看它是否具有良好的操作性。体育教学方法的操作性特点有利于教学方法作用的有效发挥，也有利于优秀教学方法的推广。

（二）实效性

高校体育教学的目的和任务确定之后，需要借助一定的教学手段，运用教学方法予以实现。也就是说，教学方法的选择和运用不是随意的，在教学过程中，所运用的教学方法要有利于实现体育教学目的和任务，有利于提高教学效率。调动学生积极性、保证体育教学的质量。例如，为了让学生了解人体运动时所参与的肌肉群，可以运用挂图等直观法，也可以运用多媒体技术把人体运动时所参与的肌肉演示出来。如果想加大体育课程的练习密度，可以运用循环练习法。这就是体育教学的实效性特点。机械地运用一种教学方法，学生的学习效果会较差，因此应该考虑是否需要运用其他体育教学方法或创造新的体育教学方法。在运用或创造新的体育教学方法时，教师也要突出考虑教学方法的实效性。

（三）针对性

高校体育教学方法的运用是针对不同的教学任务、不同的教学对象、不同的教学过程和不同的教学内容而进行选择的，甚至新的教学方法的产生往往也是为了解决体育教学实践中存在的问题。因此，不同的教学方法有自己独特的功能和使用范围，实现不同的教学目的和任务。

例如，针对体育知识和体育技术的教授和学习有不同的教法和学法；新授课、复习课、综合课有不同的教法与学法；因材施教是指针对不同基础和兴趣的学生有不同的教学方法；对于发展学生的体能和技能，有体能类教学方法和技能类教学方法等。因此，针对不同的对象和教学过程，体育教师要灵活地选择不同的教学方法。

（四）整体性

高校体育教学的目的和任务是多方面的，教学过程是由许多教学环节组成的，既不能用一种体育教学方法完成多方面的教学任务，也不能在教学过程中自始至终都使用一种体育教学方法。另外，不同的体育教学方法有其不同的使用范围和特点，这些不同的体育教学方法共同构成了一个完整的方法体系。各种具体方法彼此联系、密切配合、互相补充、不可分割，综合地发挥着整体效能。

高校体育教师在运用不同的体育教学方法（如完整法与分解法、讲解法、示范法、预防与纠正错误法、间歇练习法与循环练习法等）时，应看到各种体育教学方法的相互作用，根据体育教学的需要，相互配合地进行选用，使每种体育教学方法的运用都成为体育教学过程的有机整体。

（五）时空性

高校体育教学方法存在于不同的教学过程中，甚至在同一教学过程的不同阶段也有不同的教学方法。同一教学过程有开始、发展和结束阶段，在不同阶段，师生之间的地位在发生着规律性的变化，教法和学法也随之起着不同的作用。例如，在开始阶段，教师主导地位与作用较明显，随着时间的推移，学生的主体地位与作用逐渐加强。

首先，教学过程要通过一定的教学方法，诱发学生的内在动力，引起学习的欲望与兴趣；其次，组织学生参与多种适当的学习活动，达到感知、理解与掌握教材的目的；最后，对学生的学习结果给予评定。反过来，对照教学目标的完成程度制订新的教学计划，开始一个新的教学过程，如此循环往复。这样的时空交替往复的教学过程都伴随着体育教学方法的时空性特征，都是体育教学方法在发挥着作用。

（六）时代性

教学方法有其产生、发展的过程，体育教学方法也是如此。从体育史上我们可以发现，不同的历史时期有不同的体育教学方法，其受不同的历史时期中不同的哲学思想、教育理念影响，也有当时人们对体育价值认识的痕迹。尤其近几十年来，随着科学技术的发展，多媒体技术开始进入体育教学领域，这突出体现了体育教学方法的时代性特征。体育教学方法随着社会的变化和体育教学的发展而不断发展，它体现着社会的发展与时代的要求，以及体育学科发展的要求。同时，体育教学目标、任务与教学内容也在影响着体育教学方法的产生和发展。因此，在体育教学实践中，教师必须根据时代精神的变化和体育学科的发展需要，勇于开拓、推陈出新，使体育教学方法更能适应体育教学的实际需求。

三、选择合适的高校体育教学方法的作用

（一）保证体育教学任务顺利完成

在高校体育教学中，体育教师所选择的教学方法应保证可以与学生进行很好的互动与交流，保证教学活动的顺利开展。切实可行的体育教学方法对连接体育教学活动中的主体，以及达成体育教学目标有一定的积极作用。由此可见，选择合适的高校体育教学方法在很大程度上有利于体育教学任务的顺利完成。

（二）营造良好的教学氛围

合适的体育教学方法不仅可以有效地调动学生参与各类体育活动的积极性，还可以让学生的体育动机维持一定时间，也有助于营造积极向上的教学氛围。良好的教学氛围可以在一定程度上吸引那些不喜欢体育的学生，促使他们从被动学习者转变成主动学习者，及时跟上其他学生的学习步伐，由此产生良好的班级体育文化。

在高校体育教学中，合适的体育教学方法有利于师生之间形成良好的互动关系，调动学生跟着教师学习的主动性。同时，教师也会积极地向学生传授技能，营造良好的教学氛围。在这种良好的教学氛围下，高校体育教学质量得以提升。

（三）推动学生的全面发展

合适的体育教学方法在一定程度上有利于学生的身心发展；反之，则在一定程度上阻碍学生的身心发展。由此可见，体育教师并非只需要向学生灌输体育教学方法原理，更关键的是要带动学生成为各项体育活动的参与者，为学生的全面发展提供保障。

合适的高校体育教学方法不仅能促进学生的个性发展，还能提升学生的精神意志品质，有利于推动学生的全面发展。

（四）有效提升体育教学质量

合适的体育教学方法不仅可以淋漓尽致地发挥已有的主观条件和客观条件的作用，还可以指导学生参与体育教学活动，提升学生的学习效率。例如，对相对枯燥的长跑教学内容来讲，如果采取传统的教学方法可能不能调动学生的积极性，而采取富有趣味性的教学方法，便会取得理想的教学效果。

四、传统的高校体育教学方法

（一）语言教学法

语言教学法就是教师通过语言来阐述体育教学知识、文化、规律、特点、技术构成、教学活动安排与过程实施的方法。学生通过教师阐述的内容来了解教学过程、参与学习过程、掌握必要的知识点。

常用的语言教学法有如下几种。

1. 讲解教学法

讲解教学法，即教师通过语言讲解来开展教学。讲解教学法通常用于体育理论教学。在讲解过程中，教师应充分考虑学生的理解能力与认知能力的特点与水平。

讲解教学法的使用要点如下。

第一，讲解要明确，突出教学内容的重点、难点、特点。在体育教学中，教师对于教学内容的讲解必须有明确的目的，漫无目的地讲解只会使学生抓不住重点，不能理解教师的用意，导致学习效率低下。

第二，讲解要正确，注重讲解内容（如历史文化、动作术语、技能方法等）的准确描述。

第三，讲解要生动、简明、有重点。讲解应便于学生更好地理解教学内容，如生动形象化的讲解可加深学生的认知，教师可以适当加入肢体语言帮助学生进行理解。再如，关于概念、技能难点的讲解应有重点，围绕关键技术讲解，更便于学生掌握动作要领。

第四，讲解要通俗易懂、深入浅出。教师要善于运用对比、类比、提问等方式进行启发性教学，帮助学生积极思维，使学生举一反三、触类旁通、学以致用。

第五，注重教学内容讲解的时机和效果。

第六，重视讲解内容的前后关联性。

2. 口头评价法

口头评价法是体育教学中非常重要的教学方法，教师可以在课堂上及时、快速地给予学生最直接的评价、提醒，也可以在教学结束之后，对学生的课堂表现进行口头点评。

根据评价性质，口头评价有如下两种。

（1）积极评价

教师对学生的评价是鼓励性的、表扬性的、肯定性的。

（2）消极评价

教师对学生的评价是负面的，以批评为主。这种评价显然会让学生感觉到挫败和沮丧，对此教师应掌握必要的语言沟通技巧，注意措辞，要就事论事，不能过分打击学生，更不能进行语言方面的人身攻击。

3. 口头汇报法

口头汇报法是体育教师了解教学效果的一种方法，它是指学生根据教学要求，向体育教师简明扼要地表述学习心得和对教学内容与练习的见解，以及疑难问题等的语言形式。这种方法不但可以为体育教师提供进一步指导学生学习的依据，而且能够促进学生积极思维，加深对教学内容的理解，此外还有助于学生进行自我检查和督促，以及培养学生的语言表达能力。

4. 口令和指示法

口令和指示具有简短的高度概括性。在体育教学过程中，借助简短的字词对学生给予必要的提示，也可以收到很好的教学效果。

口令和指示法的应用要求如下：①教师应发音清晰、声音洪亮；②教师发出的口令和指示应尽量使用正面引导、积极性的词汇，并注意提示的时机；③合理把握口令和指示的节奏，尽量做到语言精练、言简意赅。

（二）直观教学法

直观教学法是利用对学生的感官冲击来加深学生对体育教学内容的印象，使学生更直观、生动、形象、直接地了解教学内容。体育教学中常见的直观教学法有如下几种。

1. 动作示范法

在体育教学中，教师通过对教学内容的动作示范，来使学生对所要学习的技术动作有一个生动形象的了解，同时熟悉动作结构和要领。

运用动作示范法时，应注意以下几点。

（1）明确示范目的

教师在进行动作示范之前，要明确示范的目的是什么、具体要展示什么。

（2）示范动作正确、流畅

教师进行教学动作示范是为了给学生提供必要的技术动作模仿对象，因此教师的示范动作必须正确、流畅，避免误导学生。

（3）示范位置

教师的动作示范应让每一个学生都能全面、准确地观察，使所有学生都能够清楚地观察到示范动作，因此应选择合理的位置进行示范。

（4）示范应与讲解结合起来

示范和讲解的结合能充分发挥学生的视觉、听觉、触觉等各感官的作用，使学生的听觉和视觉器官同时利用起来，以更好地加深学生对正确技术动作的理解与掌握。

2. 教具演示法

采用图表、照片和模型等直观教具辅助教学，能使学生更加易于理解相应的技术结构和动作形象。

应用教具演示法时，应注意以下几点：①提前准备好所需的教具；②应对教具进行全方位展示，如介绍具体器材的使用方法时，可以让学生近距离体验；③注意教具的使用与保护。

3. 案例教学法

案例教学法就是在体育教学中举例子，使学生对体育教学内容的理解更加简单、直观、形象。

案例教学法的应用要求如下：①举例应恰当，避免列举无效案例；②对战术配合和组织的案例分析应尽可能详细，并注意多角度（如攻守）分析。

4. 多媒体教学法

多媒体教学法是现代体育教学中广泛使用的方法。与传统的课堂板书教学不同，多媒体教学能令教学内容的展示更加生动形象，而且教师可以更加准确地利用多媒体教学技术向学生分析动作的细节，如通过动画和视频演示，可以将每一个动作精确到秒。若将教学内容制作成电影、幻灯片等，通过重放、慢放、定格等操作方法，能使学生更深入、系统地学习知识，掌握技能。多媒体教学法的使用需要必要的多媒体教学技术支持，也需要教师具备一定的多媒体技术操作能力。

5. 条件诱导法

条件诱导法是指以某种条件为诱因，同时与体会动作相联系，达到直观作用的方法。例如，在体育教学中通过音乐伴奏或借助节拍器的音响，可形成一定的动作节奏感；领跑可建立相应的速度感；利于保护、牵引性的助力和对抗、限制性的阻力，能较快地建立完成动作的时间感与空间感。由于条件诱因与体会动作相联系，运用得当就能获得较好的教学效果。

（三）完整教学法

完整教学法是体育教学中广泛应用的一种教学方法，它重在完整地、不间断地演示整个技术动作过程，通常在体育教学实践课中运用。

应用完整教学法时，应注意以下几点。

1. 讲解要领后直接运用

教师在对体育运动技术动作的分解进行讲解后，紧接着示范整个技术动作，能使学生流畅地模仿完整的技术动作。

2. 强调动作练习重点

在体育实践教学中，对于较为复杂的动作，教师应明确讲解、示范重点，使学生正确把握技术动作难点。

3. 降低动作练习难度

对于难度较高的动作，教师可以降低动作难度以便于学生完整练习，在正确动作定型后逐渐增加难度，待学生熟练后再按照标准动作进行完整动作的学习。

4. 注意解析各动作要素

教师应将完整技术动作的各要素进行解析，以使学生能够了解用力的大小、动作的程度等要点。

（四）分解教学法

分解教学法主要用于难度较高且易分解的运动技术动作，在运用时可将动作分成几个部分，由简到繁逐层进行教学。与完整教学法相同，分解教学法既有优点又有缺点，其优点是降低了动作技术的难度，利于学生的学习和掌握；缺点是不利于学生对完整动作的领会，有可能会片面掌握动作技术。

在高校体育教学中，运用分解教学法时应注意以下四个方面的问题：①可根据动作技术的特点，按时间的先后、空间的部位，以及时间空间的结合采取合理的分解；②在划分动作技术的段落与部分时，应充分考虑各部分与段落之间的有机联系，注意不要破坏动作的结构；③明确各部分与段落在完整动作中的地位与作用，并为各部分与段落的组合做好准备；④在建立完整动作概念的基础上分解，并及时向完整教学法过渡。

（五）预防教学法

高校体育教学的开放性使得体育学习同样是一个开放的过程，可受到各种因素的影响与干扰，学生的个体差异性（如认知能力、理解能力、肢体协调能力等）也使其不可能做到一下子都能准确掌握知识要点和动作要领，学习过程中难免会犯各种各样的错误，因此教师应针对学生的学习错误，及时进行预防和纠正。预防教学法是对学生的错误认知、错误动作提前采取阻断措施的教学方法。

预防教学法的应用要求如下：①在体育教学时，教师应在讲解过程中不断强化正确认知，避免学生产生错误认知；②教师在备课时可结合自己的教学经验对学生可能会犯的错误做好防治预案；③可结合口头评价、提示和指示帮助学生及时预防错误。

（六）探究教学法

在高校体育教学过程中，引导学生发现问题、分析问题，最终解决问题，使学生在探索、研究的过程中对知识和技能进行掌握的教学方法就是探究教学法。[①] 探究教学法与现代教学教育理论对学生的要求更相符，也是新体育课程强调学生主体性理念的重要表现，因此在体育教学中日益受到教师与学生的高度重视。

运用探究教学法时，应注意以下几点。

①目的明确。教师在教学时应预先确立研究计划，以便促进体育教学目标的顺利实现。目的不明确、与教学实际不符的探究活动不仅会造成时间的浪费，还会对课程目标的实现造成妨碍。

②与学生的知识水平相符。教师的教学必须以学生实际的知识能力水平为前提，教学内容太简单无益于激发学生的学习兴趣，教学内容太难会使学生失去学习的兴趣与信心。因此，体育教师在教学前很有必要对学生基础知识的掌握能力及技能水平进行了解，引导学生进行力所能及的探究。

③在教学过程中，针对学生通过努力仍然有一定解决难度的探究性问题，教师应加强对学生的引导启发与鼓励，但不能代替学生进行探究活动。

（七）纠错教学法

纠错教学法是学生在体育教学中出现认知、动作错误后，教师及时予以纠正的教学方法。在高校体育教学过程中，教师应正确对待学生由于对各种动作技术理解不清或对动作掌握不标准而出现的错误，并进行有意识的引导和纠正。

纠错教学法的应用要求如下。

第一，纠错时，教师应注意正确技术动作的讲解，使学生明确产生错误的原因，并及时改正。

第二，结合外力帮助学生明确正确技术动作的本体感觉。预防和纠错相辅相成，和预防相比，纠错的针对性更强，要求教师认真分析学生产生错误的原因，

---

① 邵伟德，李启迪．中国学校体育基本理论研究 [M]. 北京：北京师范大学出版社，2015.

有针对性地结合错误的源头采取相应的纠正措施，并给出改正方向与方法。

（八）游戏教学法

游戏教学法是指教师利用组织游戏的方式使学生完成预定教学任务的教学方法。游戏教学法的应用比较广泛，常见于体育教学的初期，在调动学生的体育学习积极性与主动性方面具有良好的作用。

应用游戏教学法时，应注意以下几点：①所开展的游戏应与具体的体育教学内容相适应，应与教学内容相关；②游戏应选择学生感兴趣的内容和方式；③游戏开始前，应注意游戏规则和目的的讲解；④游戏过程中，强调学生的积极努力和同伴的协同配合；⑤游戏过程中，教师应监督学生在游戏中的行为，避免学生破坏规则；⑥游戏结束后，教师应进行客观、全面的评价；⑦注意教学安全。

（九）竞赛教学法

竞赛教学法是通过教学竞赛的方式来开展体育教学的方法。竞赛教学法是体育教学不同于其他学科教学的一种重要教学方法，对于提升学生的身体素质、心理素质等都具有重要价值。

竞赛教学法的应用要求如下。

第一，明确竞赛目的。例如，通过足球运动竞赛切实提高学生的足球运动技能水平。

第二，合理分组。各对抗队的实力应相当。

第三，客观评价。对竞赛过程中学生完成动作的质量予以客观的评价，并指出改进的方向和方法。

第四，竞赛教学法应在学生熟练掌握相应的运动技战术后使用，避免学生发生不必要的运动伤害。

在高校体育教学实践中，教师不应只专注于使用某一种教学方法，也不能毫不顾及教学实际交叉和叠加使用多个教学方法。上述体育教学方法的应用应结合具体的教学实际情况和学生情况科学选择，进而促进体育教学质量和教学效果的不断提高。

五、创新的高校体育教学方法

在创新教育理念的影响下创新的高校体育教学法主要有以下几种。每种创新的高校体育教学方法都有其各自的特点和作用，在高校体育教学过程中要以此为依据，进行科学的选择和应用，从而达到最佳的教学效果。

（一）群体激励教学法

群体激励教学法，就是通过集体思维的共同学习、相互激励，引发众多反馈，产生多种解决问题设想的教学方法。在体育教学过程中，运用群体激励教学法的具体流程为：教师先将要探讨的问题提出来，然后让学生开动脑筋，通过实践去探究，寻找正确的答案。群体激励教学法能够有效促进学生创造力和创新意识的建立与发展。

（二）移植教学法

移植教学法，即从其他教学领域或其他学科中借鉴而来，根据体育学科的特点和体育教学的需要进行针对性的处理后，运用到体育教学实践中的方法。

移植教学法的运用，对体育教师的知识水平、思维方式、教学技能、创新能力等提出了较高的要求，只有知识面广、思维灵活、教学技能娴熟、教学经验丰富的体育教师才能更好地从教育学、心理学及运动训练学等领域中汲取新鲜的元素，设计体育教学方法，并将移植而来的教学方法灵活运用于课堂教学中，发挥各种教学方法的作用。反之，如果教师知识储备少、思维僵化、教学技能不熟练、缺乏教学经验，那么他可能只会浅显地借鉴其他学科的教学方法，或者不加改造、移花接木，或者在加工改造过程中胡编乱造，这就违背了移植教学法的初衷，影响了体育教学的质量。

（三）难度增减教学法

难度增减教学法，就是通过难度的增加和减小来进行教学的方法。需要注意的是，难度增减的一个重要前提是运动技术动作的结构和性质要保持不变。难度增减教学法在现实体育教学中使用的频率是比较高的。一般来说，高校体育教学的开展是遵循“先易后难、循序渐进”的原则的。难度增减教学法能够保证教学进度按照难度逐渐递增的顺序顺利开展。同时，学生也能因此增加信心，不会因学习内容太难而产生恐惧和抵触情绪，学习效果也会较为理想。

（四）逆向思维教学法

从逆向思维出发，将问题从反方向引出来的教学方法就是逆向思维教学法。我们往往习惯于用正向思维思考问题，但有时用逆向思维来解决问题效果反而更好。用逆向思维学习较为复杂的技术动作时，先练习难度较大的动作环节，熟练后再练习难度较小的动作环节，这样往往能取得意想不到的学习效果，能够大大提高动作技术的熟练性和运动成绩。

在高校体育教学中运用逆向思维，不仅体现为学生用逆向思维学习知识与技能，还体现为教师用逆向思维思考教学中存在的问题，如不要一味地抱怨学生学不会，而是要反省自己是否在教学中存在问题与不足，学生是否因为“教”本身存在问题而无法有效学习，只有不断反思、不断进步，才能更好地向学生传授知识与技能。

（五）情境教学法

情境教学法，就是在学习动作前，先用语言或场景把学生带入一定情境，让学生设身处地强化练习的一种方法。在体育教学中，采用情境教学法所用到的具体实施手段主要是以生活展现情境，以实物演示情境，以录像、画片再现情境，以音乐、语言渲染情境，以展示、表演、示范体会情境等。

通常来说，情境创设需要体育教师“煞费苦心”，而启发、激励学生身临其境地练习更是一门教学艺术。在体育教学过程中应用这种方法，不仅能充分激发学生练习的积极性，还能提高教师创设情境、组织教学的能力。

（六）分层教学法

分层教学法在体育教学中是一种很有效的教学方法。它根据学生的不同学习需求和能力水平，将他们分为不同的层次，并组建合作小组进行教学。关于分层教学法的一些重要内容如下。

1. 学生分类

可以根据学生的技术水平、体能水平、兴趣爱好等进行分类，确保每个层次的学生可以得到适合他们的教学内容和方法。

2. 教学目标的设定

为每个层次的学生设定适合他们能力水平的教学目标。这些教学目标应该具体明确，能够激发学生的学习兴趣和动力，并能够推动学生在技术、战术、体能等方面的发展。

3. 教学内容和方法的分层实施

根据不同层次学生的特点和教学目标，设计不同的教学内容，应用不同的方法。对于初级层次的学生，可以注重基础技术的训练和简单的游戏活动的组织；对于中级和高级层次的学生，可以进行更复杂的战术训练和竞赛活动。同时，还可以使用小组合作学习的方式，促进学生之间的交流和合作。

4. 教学评价和反馈

在分层教学中，教学评价和反馈是非常重要的环节。教师需要根据学生的表现对他们进行教学评价和反馈，并根据评价结果进行有针对性的教学调整。这样能够帮助学生更好地理解和掌握教学内容，促进他们的学习进步。

（七）即兴展现教学法

即兴展现教学法在体育教学中是一种非常重要的教学方法，它注重师生互动和学生的自我展现。在体育教学中运用即兴展现教学法的建议如下。

1. 创设和谐的课堂氛围

为了让学生能够充分展示自己的能力，教师应该创设一个和谐的课堂氛围，让学生感受到课堂是一个安全和尊重差异的环境。

2. 提供充分的自主空间

在体育教学中，教师应该给予学生更多的自主权，让他们主动参与和探索。可以设计一些开放性的任务或项目，让学生根据自己的兴趣和能力自由选择和展示，激发他们的创造力和主动性。

3. 鼓励合作和团队精神

高校体育教学中，鼓励学生之间的合作和培养团队精神是非常重要的。教师可以通过小组活动、合作竞赛等方式促进学生互动和合作，帮助学生认识到团队合作的重要性，培养他们的团队意识和协作能力。

4. 提供及时的反馈和支持

在即兴展现教学中，教师应该及时给予学生反馈和支持。可以鼓励学生之间互相观摩和评价，为他们提供具体和及时的建议，帮助他们不断改进和提高自己的技能。

（八）掌握学习教学法

掌握学习教学法以班级授课为主，教师依据教学大纲分层次讲授教学内容，定期进行阶段性评价。在掌握学习教学法的实施过程中，要对学生的个性特征及个性化需求予以了解，以有效提高教学质量。

在掌握学习视角下组织体育教学，要注意：①呈示掌握目标，交代学习任务；②教师指导学生实现目标；③进行形成性检测和评价。

六、影响高校体育教学方法选择的因素

影响高校体育教学方法选择的因素有很多，它们在一定程度上决定了体育教学的发展。下面将介绍几种主要的影响高校体育教学方法选择的因素。

（一）教学目标和任务

教学目标是体育教学的起点和重点，教学任务是实现教学目标的基础和保障，教学方法是完成教学任务的条件和媒介。因此，不管是体育教学方法的设计还是体育教学方法的选择，与教学目标和任务的指导是分不开的。另外，再加上不同的教学目标和任务对学生有不同的要求，教师应当根据这种要求设计具有针对性的教学方法。一般来说，体育教学目标可分为认知、情感和技术动作这几个方面，每个方面的教学又可以根据对知识和技能要求的不同分为若干个层次，不同的层次需要学生掌握的内容、要求不尽相同，所以所需要的教学方法也就有所不同。例如，如果某一教学目标强调的是“培养学生对某种运动的理论了解”，体育教师就可以选用讲解法进行教学；如果某一教学目标强调的是“提高学生某种运动的技能”，体育教师就应该选择一些以实际操作为主的教学方法。

总的来说，体育教师要深入研究和分析教学目标和任务，掌握每一种教学方法所对应的知识和技能。同时，还要能够将教学中抽象、宏观的教学目标转变成实际可操作的、具体的教学目标，并清楚地知道何时选择何种教学方法最有效。

以篮球教学为例，如果教师将某一课时的教学目标定为“培养学生的运球能力”，那么在本节课的教学过程中，教师就会根据篮球运球的特点、要求设计教学方法。因为篮球运球技术的培养和获得并没有任何的捷径，所以教师首先要讲解运球的动作要领和要求，然后通过几次的示范，让学生能够简单地了解运球的技巧和要领，并通过反复练习和教师的不断纠正，掌握篮球运球的技巧，从而促进教学目标的达成。

（二）教学内容特点

体育教学的重要依据是教学内容，它也是体育教学方法的服务对象之一。不同课程和科目的教学内容会有所不同，这也导致了教学任务的差异和所需教学方法的差异。因此，教学内容特点成为选择和实施教学方法的参考依据。例如，当一位体育教师教授体操课程时，他需要考虑体操对学生身体特点的要求，以及体操运动所需要的场地、器材和目标，并据此选择合适的教学方法。

每一种教学内容都有其相适宜的教学方法，如果需要学生掌握的教学内容是

一些纯理论性的知识，如体育教学的发展历史、体育教学的起源等，就可以选择讲解法进行教学，或者借助多媒体教具，通过图片或动画的形式向学生展示体育相关的理论知识。如果需要学生掌握的教学内容是一些技术性较强的知识，那么就需要运用实践法进行教学。有的体育运动（如篮球、足球、乒乓球）具有群体性，因此应该采取小组教学的方式进行。

综上所述，教师要认真研究教学内容，把握各个教学方法的适用范围和效果，然后结合具体教学内容的特点选择合适的教学方法。

（三）学生的身心发展状况

体育教学是贯穿学生整个学习过程的教学，具有持久性。另外，学生的成长和身心发展状况主要包括学生现有的知识水平、智力发展水平、学习动机状态、年龄发展阶段的心理特征、认知方式与学习习惯等因素，因此学生的身心发展状况会在一定程度上影响高校体育教学。学生的身心发展状况与教学之间存在着相互作用，因此教学过程中教学方法的选择受到学生的个性心理特征和他们所具有的基础知识水平的限制。不同学生对某种教学方法的适应程度不同，这要求教师能够科学而准确地分析学生的身心发展状况，有针对性地选择和运用相应的教学方法，使学生在学习知识、掌握技能的同时，也能够使身心得到健康发展。

体育教学面对的是全体学生，任何个体的成长发育都具有阶段性，如果在进行训练的时候对各个阶段的学生采用同一种训练方法，那么就有可能导致有些学生无法完成。

（四）教师的自身素养

教师是体育教学的主导者，承担着培养学生综合素质的使命，并有指导学生科学地学习体育教学中相关知识的责任。因此，教师的自身素养直接影响着教学方法的选用和实施，从而影响体育教学的质量。结合对教学内容的研究和教学经验的积累，教师的自身素养主要包括学科知识、组织能力、思维品质和教学能力。体育教师只有具备较高的自身素养，才可以在教学过程中选择科学的教学方法，这也是提高教学质量的关键。因此，教师在教学的过程中，不仅要关注学生的实际情况，还要不断地提高自身素养和专业水平，这样才能按照自己的优势，选择适合自己的教学方法，并不断创新教学方法，逐步提升自己的教学水平。如果教师缺乏实践教学经验，并且在教学组织上存在着严重的缺陷，那么教师就无法保证课堂教学效果，也无法正确地引导学生学习相关知识，无法确保教学方法的实施。由此可见，教师的自身素养也会在一定程度上影响教学方法的选择。

如果让一个从来没有接触过篮球运动的教师向学生传授一些篮球运动的相关知识和技能，那么不管是在教学方法的选择上，还是在教学实施的过程中，都会让该教师产生一种无从下手的感觉，甚至不能正确地对体育教学方法加以选择，即使可以选择出适用于该运动的教学方法，也会因为自身经验的欠缺，导致教学过程无法按照预期进行。

（五）教学方法本身的特性

教学方法虽然是保证教学质量的关键，但是没有一种教学方法是万能的。每一种教学方法离开相对应的人群和所适用的环境和条件，其作用将无法得到充分发挥。

简而言之，教学方法本身具有特性，只有在特定的环境和条件中才能表现出亲和性和功能性。教学方法本身就是一种多因素的有机组合，既存在着促进的关系也存在着矛盾的关系，这些因素同时也决定了每一种教学方法都有其相适应的范围和条件。

由此可见，教学方法本身的特性也是影响教学方法的因素之一。例如，在教学过程中，首先应该清楚学生和教学内容的特点，其次采用因材施教的教学方法进行教学。但是，由于因材施教的教学方法较为耗费人力、物力，如果教学对象群体较为庞大，则不宜选用此种教学方法。

（六）教学环境的要求

教学环境是教学实施的基本条件，也是正常进行教学的前提。任何一种教学方法都是在教学环境下产生和实施的，因此教学环境是教学方法产生的土壤，也是教学方法赖以生存的养料。教学环境包括教学硬件设备设施（如教学器材和一些辅助仪器、教学所需的资料和书籍）、教学空间条件（包括教学场地、实践场地）和教学所需的时间。有利的教学环境会对教学起到一定的促进作用，反之则会形成阻碍。因此，在进行教学时，要进一步开拓教学方法的预期效果和适用范围，这样教师在选用教学方法时，才可以最大限度地利用教学环境，不断提升教学质量。

由此可见，教学环境也是影响教学方法的因素之一。例如，在进行篮球、足球和乒乓球的教学时，如果高校没有足够的教学场地和相关设备，就无法采取示范法进行教学。

（七）体育教学的指导思想

体育教学方法的核心在于其所依据的指导思想，不同的指导思想会导致不同的教学方法。选择适当的体育教学方法不仅取决于对教学理论的了解，还取决于已形成的教学指导思想的时代性和科学性。

教学方法的选择并不是一个简单的过程，它涉及很多因素。使用教学方法是为了实现教学目的。如某一个经济条件特别落后的高校，没有专业的教学设备和设施，并且也没有足够宽敞的室外场地，那么该高校就无法开展足球、篮球等对教学场地和教学设备设施要求较为严格的体育运动。

由此可见，高校体育教学对实践性要求极为严格，所以要按照教学中涉及的各种因素，选择合适的教学方法。

七、高校体育教学方法的选择与应用

在素质教育改革与发展的背景下，高校体育教学方法的选择非常重要。同时，还要学会如何应用先进的教学方法，这样才能保证取得理想的教学效果。

（一）体育教学方法的选择

1. 选择体育教学方法的原则

（1）全面贯彻教学、学习、研究三者同步协调原则

①师生的教与学应协调同步，在教学活动中共同参与知识发现和技能形成。对此，教师应吃透教材内容，掌握本学科各项知识内容之间的联系，精心设问，鼓励学生参与，启发学生思维，培养学生的思考能力。此外，应注重信息反馈的重要性，对教学方式进行科学调整。在教学过程中，教师应当注意观察学生的各种状况，如学生的技术动作、学习情绪及面部表情等，及时得到反馈信息，并调整教学内容、速度等，以进一步提高教学效果。

②教师应对教材内容十分了解并有自己的心得和见解，能够将自己的所学、所知、所悟传授给学生，为教学提供更丰富生动的素材。

③在教学中应当鼓励学生自主探究和探索，不断培养和提高学生的参与意识和能力，启发学生思维，提高学生的学习自信心，使其成为一名主动的学习者和求知者。

（2）辩证运用通俗化原则

通俗，即讲课时语言应通俗易懂，学生容易理解、接受和记忆，力求深入浅

出、精练准确。讲授的方式是直接影响学生吸收和内化知识的关键因素，因此教师的讲授应通俗易懂。

此外，在通俗的基础上还要注重准确性，应能够体现一定的学术性、知识性和理论性，不能为了过于追求通俗而使传授的知识内容变得浅显、普通。在科学语言与口头语言的使用上应该准确把握。

（3）巧妙运用趣味性原则

当代大学生个性独立，有较强的好奇心和探索欲，枯燥无味的事物往往难以引起他们的关注。因此，高校体育教学方法的采用还应当具有趣味性，能够紧密联系教学内容，融入一些奇闻趣事和趣味性问题，并且加以生动形象的动作进行演练示范，以激发学生的兴趣和主动性，自觉动手、动口、动脑，使其主动参与学习活动。

（4）共同投入理性情感原则

共同投入理性情感，即师生在共同运用科学方法的同时，还应投入感情去完善人格，使教学课堂更加具有生机和活力。

①在课堂中要有力地激发情感。学生通过提问、答问等环节，获得自我表现、自我发挥的机会，从而得到满足与成就感，有力地激发学习情感，形成一个高昂、愉悦的学习情绪。教师应通过利用有趣的游戏、问题及规范优美的动作去激发学生情感并带领学生参与学习，善于挖掘教育素材，用美的思想去启迪学生思维。

②在课堂中要细心地培养情感。在满足学生个别心理需求后，应刺激学生产生新的需要，以循环提高学生的学习积极性，保持高昂的学习情绪。例如，可以在教学中巧设悬念，留给学生思考和想象的空间，为学生思考、尝试和探索提供机会。在教学中，教师应做到自己的教学讲授能够对学生情感起到良好的调节作用，做到张弛有度，使学生保持良好的心理状态。

以上几项原则都是教学方法采用时必须要强调的关键和重点，教师应在这些原则的指导下实施教学活动，并根据自己的专业素质、教学条件及教学特长来审慎选择教学方法，为学生创造一个有感情、有活力的学习环境，使体育教学课堂真正实现教书育人的目的。

经过实践研究发现，对教学起到至关重要的教学行为有以下几种。

一是清晰授课，即教师在讲授课程内容时必须清晰明了。由于某些因素的影响，一些教师并不能做到清晰授课，这具体表现为学生在听完教师讲述的内容后，云里雾里、似懂非懂。教师语言的清晰度是影响教学目标和效果实现的一大决定性因素。因此，教师必须能够与学生进行清晰而直接的交流，努力提高学生知识理解和吸收的效率，以此传授更多、更有价值的知识内容，保证教学的高效性。

二是任务导向，是指把多少课堂时间用于教授教学任务规定的学术性学科。教师用于教授特定课题的时间越多，学生的学习机会就越多，学生就会取得更高的成就。与任务相关的问题包括讲课提问用了多少时间、鼓励学生咨询或独立思考用了多少时间、组织教学并使学生做好学习准备用了多少时间，以及评估学生行为用了多少时间。

①教师在课前设计好问题，问题设计必须深入浅出，切合学生的认知水平。

②教师在课堂导入后明确初始教学目标，这有利于较快引导学生进入学习状态、了解学习任务，促进教学过程有序进行。

③首先，做好课前预习工作，教师应为学生提供足够的预习材料，并明确预习目标；其次，教师应在学生预习的基础上及时检查督促，了解学生对相关知识内容的了解和掌握程度，把握课程的重点、难点问题；最后，针对学生的练习情况展开课堂教学。

④教师在课堂讲授时应使用简洁规范的教学用语，把握节奏，突出教学重点，以确保学生能够在有效的时间内快速理解和内化知识，以提高教学效率。

⑤课程结束后，教师必须引导开展课堂学习的回顾总结，帮助学生进一步巩固知识内容。

三是多样化教学，即多样化、灵活地呈现课程内容。多样化教学可以通过选择不同的学习材料、引用现代教学设备或选择不同展示方法及教学场地等途径实现。这些实现多样化教学的途径，有助于提高学生的学习积极性和自觉性。

四是引导学生投入学习过程，即努力增加学生学习学术性科目的时间。教师应为学生创造和提供更多的机会去学习必要的知识内容。学生实际投入学习材料的时间，称为投入率。要增加学生的投入率，可以从以下几方面做起：①制定规则满足学生个人学习和探索需要，不必每次经过教学许可；②注意观察和监督学生课堂练习并与学生交流；③确保所设的独立练习环节是有趣、有价值的，并确保学生能够在这一环节中独立思考和解决问题；④充分利用有效的资源，积极开展有效的活动，并确保这些资源和活动切合学生的学习和发展要求。

五是确保学生成功率，即学生有效完成练习的比例。呈现材料的难度水平由学生的成功率来衡量，即学生理解和准确完成练习的比例有高、中、低三种难度水平。高成功率，即学生能够有效理解任务，犯错频率少，并且错误大多是马虎、粗心造成的；中成功率，即学生不能完全理解任务，会出现一些实质性错误；低成功率，即学会基本无法理解任务，错误集中而频繁。

实践表明，高成功率的教学更有利于学生树立学习自尊心，激发学习的兴趣和积极性。因此，教师在教学中应合理安排能够产生中、高成功率的教学任务，在此基础上设置适当的具有挑战性的学习任务，以实现有效教学的目标。

2. 选择体育教学方法的要求

（1）一般性要求

高校体育教师在选择教学方法时，需要注意以下几个一般性要求：①高校体育教学方法必须符合体育教学的基本规律与原则；②高校体育教学方法必须符合体育教学目标；③高校体育教学方法必须符合体育教学内容的特征；④高校体育教学方法必须符合学生学习条件；⑤高校体育教学方法必须符合教师实际条件；⑥高校体育教学方法必须符合高校的具体教学条件。

（2）具体要求

①体育教师要全面了解教学方法及应用。高校体育教师要充分了解与掌握体育教学方法，这样才能更好地做出选择。教师在了解体育教学方法时，不仅要了解动作技能形成的方法，还需要了解传授体育知识的方法。另外，也需要了解发展学生个性、开展思想品德教育及锻炼身体的方法等。教师只有对多种体育教学方法进行全面了解和掌握，才可以选择出合适的教学方法。

②体育教师要遵循多中选优的基本原则。不同的体育教学方法都有自身的优缺点，同时也会产生不同的教学效果，体育教师要对其进行多方面的比较，从中择优。教师可以认真分析与比较每一类体育教学方法对学生理论知识的掌握情况、运动技能、身体素质水平、自身个性的发展情况、思想品德和行为习惯的培养情况，充分考虑特定体育教学方法的适用范围和适用条件，具体教学方法解决哪些教学任务较为适宜、结合哪些教学内容较为适当、与哪些类型的学生较为符合，从而从中选择出较为合适的教学方法，这对体育教师的能力提出了较高的要求。

3. 选择体育教学方法的注意事项

（1）注意师生之间的协调配合

在高校体育教学过程中，师生间的互动是必不可少的，只有师生间默契配合才可以取得理想的教学效果。高校体育教学活动不存在没有“教”的“学”，也不存在没有“学”的“教”。因此，无论是何种教学方法，都应考虑“如何教”和“如何学”。

在传统教育的影响下，教师在教学中起着绝对的主导作用，教学方法也只是注重教师“如何教”的问题，而对于学生在教学过程中的作用则选择性地忽略了。例如，教师在动作示范时，只考虑动作的优美和协调性，而没有考虑学生的感受，从而导致学生的学习效果不佳，影响教学活动的开展。因此，高校体育教学方法的应用应考虑师生双方的合理配合，如此才能提高高校体育教学的质量。

（2）注意学生内部与外部活动的配合

学生的学习过程是内部活动和外部活动的综合体现：内部活动是指学生的心理认知和思维等内隐活动，外部活动则是指语言和动作等外显行为。在具体的教学中，一定要注意内部活动和外部活动的配合。教师应善于分析学生的内外活动变化，将指导学生外部活动的教学方法与激发学生内部活动的教学方法有机结合，以促进学生积极主动地参与体育学习。

（3）注意不同学习阶段的前后配合

需要注意的是，在高校体育教学的不同阶段，整个教学活动会表现出不同的特点。因此，高校体育教学方法的应用应考虑学生不同学习阶段的前后配合，这样才可以取得理想的教学效果。

在高校体育教学中，学生在学习的初始阶段，一般以模仿学习为主，随着学习水平的提升，学生会形成动作定式，即从“模仿型”过渡到了“创造型”。这两个阶段之间具有一定的联系，又相互区别。因此，在运用教学方法时既要防止二者之间的互相代替，又要防止二者之间的割裂。这一方面要尤为注意。

（二）体育教学方法的运用

在运用各种教学方法的过程中，高校体育教师需要注意以下两个方面的要求。

1. 注意体育教学方法效果的影响因素

在高校体育教学中，师生间的密切配合是十分重要的。为了取得理想的教学效果，必须加强体育教师与学生之间的协调配合。在体育教学实践活动中，教学方法所产生的效果深受体育教师的知识储备、人格魅力及教学技艺等方面的影响，因此提高教师素养势在必行。

体育教学是教师与学生之间的双边互动，学生能动性的发挥情况对于教学方法的运用效果具有重要的影响。

此外，高校体育教学方法的运用还会受到教学环境的影响。例如，在进行篮球运动教学时，学生在较为干净的室内塑胶场地上奔跑和起跳时的心理状态与在水泥地面上时是不同的。当学生在较为干净的室内塑胶场上起跳落地时，可以做出相应的保护性动作，有效避免受伤。因此，构建一个良好的体育教学环境、加强体育教学基础设施建设是十分重要的。

2. 注意体育教学方法有关理论的运用

体育教学理论源于实践，但又高于实践，它属于科学的总结。因此，高校体育教师在运用体育教学方法时，既要注重实践方面的问题，又要注重理论方面的探索，这样才能确保高校体育教学方法的合理性。

在高校体育教学过程中，体育教学方法有关理论的运用应综合考虑以下几个方面：①辩证唯物主义与唯物辩证法的基本观点；②系统论原理，深化理解体育教学系统；③教育学、心理学等与体育教学有关的学科理论知识；④普通教学论和体育教学论，这是体育教学方法直接的理论基础；⑤充分吸收现代社会各学科的先进理论成果并应用于教学方法之中。

总之，在具体的高校体育教学过程中，体育教师应用新观念、新理论指导体育教学工作，充分发挥不同教学方法的效用，实现理想的教学效果。

第二节　高校体育教学方法存在的问题

一、高校体育教学管理不够健全

高校体育教学管理不够健全主要体现在以下几个方面。

（一）教学安全管理方面

高校可以建立健全教学安全管理机制，制定详细的教学安全规范和操作指南，加强教师的安全培训和教育，提供必要的安全设备和防护措施，以保障学生的身体健康和人身安全。

（二）教学日常工作管理方面

高校可以通过建立科学的课程管理制度、教师教学评价制度及学生学习档案管理制度等，来规范和优化教学日常工作。这有助于提高教学效率、提升教学质量，并能够为教学活动的持续改进提供有效的依据。

（三）教学资源管理方面

高校可以加强对教学资源的统筹规划，合理配置和利用教学资源，确保教学设备、场地和教材的充足供应。同时，高校还可以建立教学资源共享平台，促进教师之间的资源共享与合作，提高资源的利用效率和教学的综合水平。

总之，为了健全高校体育教学管理，高校可以通过加强教学安全管理、优化教学日常工作管理和教学资源管理等，提升体育教学的效果和品质。这需要各个教育机构和相关部门的共同努力和关注。

一方面，教育教学改革正在不断推进，涉及课程设置、教学方法、评价方式等方面的改革探索。在体育教学方面，由于其特殊性，可能需要更多的创新和变革来适应时代的发展需求。

另一方面，管理者价值观念认识的不足也是影响体育教学发展的制约因素之一。管理者在管理体育教学工作时，如果不能真正理解和认同体育教育的重要性和特点，可能会忽视体育教学的重要价值，导致对体育教学的不重视和不支持。因此，培养管理者的教育理念和认识，让其深刻理解体育教育的价值，重视体育教学的发展，对于推动体育教学改革和管理的正常进行至关重要。

管理者的重视与支持是教师教学活动的基础。如果管理者不重视体育教学，教师可能无法得到有效的支持和资源，并且可能遇到一些行政和管理方面的阻碍。这会降低教师的教学积极性，导致教学活动缺乏活力和创新性。高校体育教学管理者的重视与支持对于学生体育学习的质量和效果也非常重要。如果高校体育教学管理者不重视体育教学，可能无法提供足够的教学资源和设施，也缺乏对学生体育学习的关注和评价。这将影响学生的体育学习效果，使其难以取得良好的成绩。

二、高校体育教学方法不够丰富

在高校体育教学过程中，传统的教学方法在帮助学生掌握基本的运动技能和知识方面具有一定的有效性。然而，如果教师过度依赖这些单一的教学方法，可能会带来一些问题。

首先，单一的教学方法可能会导致学生感到枯燥，缺乏学习的动力和兴趣。如果教师总是采用相同的教学方法，没有变化和创意，学生会逐渐失去对体育学习的热情。其次，单一的教学方法可能不利于学生的全面发展。体育课程是促进学生身心健康的重要途径，而单一的教学方法对学生在体育学习中的情感体验和综合素质的培养方面缺乏足够的重视。

三、学生体质健康检测不够完善

学生体质健康检测是高校体育教学的重要组成部分。在高校体育教学中，学生体质健康检测不够完善主要表现在以下几个方面。

（一）检测标准不统一

由于检测标准不统一，不同高校之间的检测结果往往缺乏可比性。这使得高校之间难以进行有效的数据交流和合作，限制了对学生体质状况的全面了解和分析，可能会导致检测结果无法真实反映学生的体质状况。一些学生可能在某些高校中被评为健康，但在其他高校中却被评为不健康，这显然是不合理的。如果每个高校都使用不同的检测标准，那么每个高校都需要投入大量资源来制订和实施这些标准。这不仅增加了高校的负担，还造成了资源的浪费。另外，由于检测标准不统一，高校可能难以根据学生的体质状况制订有针对性的教学计划。这可能会影响教学质量和学生的全面发展。

（二）检测设备维护不当

检测设备维护不当，可能无法准确检测学生的体质状况。这不仅影响了对学生体质状况的全面了解和分析，还可能会误导教学计划和训练方案的制订。检测设备维护不当使得高校需要经常更换或维修设备，这不仅增加了高校的负担和运营成本，还造成了资源的浪费。检测设备维护不当，可能会影响教学质量。例如，设备故障或检测结果不准确，可能会导致教学计划的不合理或训练方案的失误，从而影响学生的学习效果。

（三）检测流程不规范

检测流程不规范，可能会导致学生在检测过程中出现错误，从而影响检测结果的准确性。

（四）数据分析不科学

数据分析不科学，可能会导致高校无法全面了解学生的体质状况。这使得高校难以制订有针对性的教学计划和训练方案，从而影响了教学质量和学生的体质发展。

四、教学方法创新存在认知矛盾

对高校体育教学方法进行创新变革是当前教育发展的重要趋势，这需要以先进的教育教学思想作为指导，利用多元化组合的教学方法，将体育教学的目标、内容、环境、评价、对象等不同要素有机整合到一起，以实现最佳的教学成效。先进的教育教学思想对于高校体育教学具有重要的指导作用，这些思想包括以人为本、素质教育、创新教育、健康教育等。这些思想强调以学生为中心，注重学生的全面发展，培养学生的创新能力和健康生活方式。这些思想的应用可以帮助教师更好地理解学生的需求，设计更适合学生的教学内容和方法，从而提高教学质量和效果。

多元化组合的教学方法可以帮助教师更好地实现教学目标。这种教学方法强调多种教学方式的组合和运用，包括讲解示范、练习实践、游戏化教学、探究式教学等。这些教学方式可以根据具体的教学内容和学生的实际情况进行灵活运用，以达到最佳的教学效果。例如，在篮球教学中，可以采用讲解示范和练习实践相结合的方式，让学生更好地掌握篮球技能；在田径教学中，可以采用游戏化教学和探究式教学相结合的方式，让学生在游戏中掌握田径技能。

在教学方法创新方面，不同教师有不同认知矛盾，各教师在创新重点、标准及创新方面上的观点各不相同。“少教”“多学”即教学方法创新的精髓所在，同时也是广大体育教育工作者持之以恒追求的目标。

在知识爆炸的社会环境下，高校体育教师与学生不得不直面前所未有的压力，这种情况尤其要求教学方法的创新。当前，高校体育教师必须重视教学方法科学化，从整体层面把握好教学活动，将学生的知、情、意、行与教学方法多元化创新过程有机融合为一体，使教学方法创新功能得到最大程度的发挥。

五、高校体育教学组织形式与学生及社会联系不够紧密

传统的高校体育教学内容往往以运动技术教学为主，教学组织形式相对单调，缺乏与社会的联系和互动，主要表现在以下几个方面。

（一）教学内容不够全面

传统的高校体育教学内容往往以运动技术教学为主，而忽略了其他方面的教学，如体育文化、体育健康、体育社交等，使得学生不能够充分地调动学习兴趣。这不仅影响了学生的综合素质发展，还影响了教学质量。

（二）组织教学不够丰富

传统的高校体育教学往往采用集体化教学的方式，没有考虑到学生的个体差异和需求，使得一些学生难以跟上教学进度或对学习内容不感兴趣。这不仅影响了学生的学习效果，还影响了教学质量。此外，单调的教学方式对培养学生的创

造力和团队合作精神的重视程度不足。这使得学生在面对实际问题和挑战时，难以灵活运用所学知识，影响了学生的综合素质发展。

（三）与社会发展联系不够紧密

传统的高校体育教学对体育与社会的联系和互动缺乏足够的重视，因此学生可能会难以将所学的体育技能应用到实际生活中。这可能会使得学生在未来的职业规划中受到限制，影响学生的职业发展和就业竞争力，导致学生在社会交往方面存在不足，影响学生的社会适应能力和人际关系发展。

高校学生的心理和生理都已经接近成熟，好奇心强，对新鲜事物易产生兴趣，思维敏捷，有自己独特的见解。高校体育教师可以利用这些特点有针对性地加以突破，丰富教学组织形式，发挥学生的主动性和创造性，促进学生的个性发展。

六、信息技术的教学手段使用需进一步增加

虽然多数高校体育教师已经对体育教学有了正确的认识，但受传统体育教学观念的影响，仍有部分高校体育教师认为体育教学本身是偏重实践性、弱化实操性的学科，所以更习惯于在体育场所进行指导性授课，而对信息技术在体育教学中的创新应用不够重视。

实际上，信息技术在体育教学中具有广泛的应用前景。首先，信息技术可以通过图像、声音和视频等方式，将抽象的体育知识以直观、形象的形式呈现给学生。对于一些复杂的运动动作和规则，通过多媒体展示，可以将它们分解为简单的步骤，并配以动态图像或视频示范，帮助学生更好地理解和掌握。其次，信息技术可以提供丰富的学习资源，拓宽学生的学习渠道。通过多媒体教学平台，学生可以随时随地访问到各种与课程相关的学习资料，如视频教程、电子书籍、实例分析等。学生可以根据自身的需要，灵活选择学习资源，并自主学习，提高学习的自主性和自我管理能力。

另外，一些教学指导纲要中也对在高校体育教学中运用信息技术的重要性做出过明确的说明。例如，《全国普通高等学校体育课程教学指导纲要》《普通高等学校体育教育本科专业各类主干课程教学指导纲要》都曾明确提出，要关注高校体育教学方法的多元化与个性化，要能够应用多媒体等现代化教学方法进行创新改革，鼓励多媒体等现代化教学方法的多元化有机组合，实现教师、学生在教学过程中的相互推动和促进，提高学生的参与积极性，增强自学自练意识，发展创造性思维，最大程度地挖掘各方面潜能。

信息技术的应用能够通过视听感官刺激学生，使其对知识技能留下更加深刻的印象。此外，充分运用各种信息技术能够有效激发学生的学习积极性，构建科学的学习动机，实现高校体育教学环境的创新、教学内容的拓展丰富，为教师节省时间精力并能够同时帮助学生更好地学习，有利于高校体育教学实现双赢。

七、教学观念更新不够及时

高校体育教师由于自身习惯和经验，往往会形成一种固定的教学模式。这种教学模式在某些情况下能够使教学活动顺利进行，提高教学效率，但在某些情况下也可能会限制教师的思维方式，使其难以尝试新的教学方法和策略。

如果教师长期陷入这种固定的教学模式，可能会使教学方法变得单一，影响学生的学习体验和兴趣。在素质教育全面推进的过程中，高校体育教学需要总结过去、放眼未来、转变观念、勇于创新，在实践工作中找到突破口。

八、高校体育教学方法对实际效果的重视程度不足

高校体育教学方法的创新是提高教学质量和效果的重要手段之一。然而，部分教师在创新教学方法时，没有充分考虑到学生的实际需求和接受能力，过于注重形式上的新颖和独特，而对实际教学效果的重视程度不足。

只有真正满足学生需求、提高教学质量和效果的高校体育教学方法的创新，才能为学生的全面发展做出更大的贡献。

九、高校体育教学方法对培养学生个性的重视程度不足

每个学生都是独一无二的个体，他们拥有不同的兴趣、能力和学习风格，单一的教学方法和内容无法满足学生的需求和兴趣，导致他们感到缺乏兴趣和动力，无法充分发挥自己的潜力和才能。

第三节　高校体育教学方法的改革策略

一、重视教学方法观念的创新

任何活动的开展都必须先明确一个中心，围绕这个中心来开展具体活动，从而把握活动的大方向，实现活动的最终目的。高校体育教学活动的开展同样需要先明确教学中心，而在体育教学中居于主体地位、发挥主体性的学生正是这个教

学中心，教师必须从这个教学中心着手来开展一系列教学活动，安排各个教学环节。体育教学方法的设计、选择与实施同样要以体育学科的特点及学生的特征、需求为依据而进行，要选择最佳的教学方法，就要确定两个基本出发点，即学科本体和学习规律，基于此构思理想的教学过程，如图 3-1 所示。

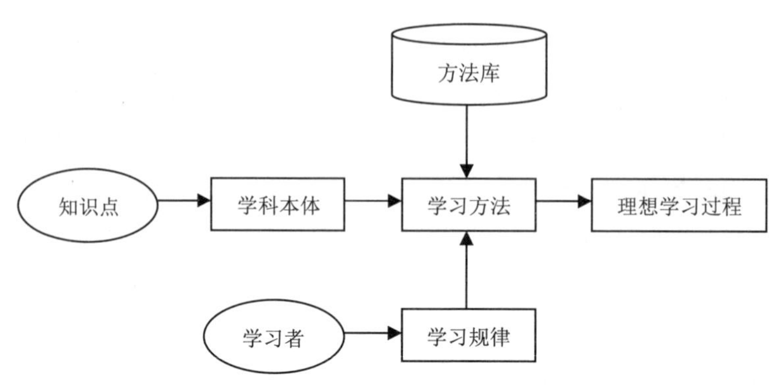

图 3-1　理想的教学过程

具体来说，在实施高校体育教学活动的过程中，体育教师要先明确要教的内容和通过实施这些内容要达到的目的，然后按照内容的特点、学生的特点，以及要达到的目标来对教学过程进行安排，合理设计每个教学环节，在各环节要实施相对应的、恰当的教学方法，确保各个环节的教学工作能够有序进行，并且都能取得良好的效果。在整个教学过程中，教师会创设一些教学情境，不同的教学方法适用于不同的情境。教师要明确哪些是主要的教学方法，哪些是辅助的教学方法，将主要的教学方法和辅助的教学方法相结合，灵活运用，以帮助学生在不同的情境中从容应对和解决问题。

此外，高校体育教师设计与应用教学方法时，还要考虑将现代社会中一些新的科技因素融入其中，并基于当前的教学资源、教学环境及教学条件落实现代化教学方法，只有不断创新、不断为教学方法添加新鲜因素，才可以提升学生的学习积极性，培养学生的创新能力，这都是现代化体育教学改革的要求。

二、重视新的教学技术的应用

科学技术是第一生产力，科技的进步促进了社会各领域和各行业的发展，教育的发展同样离不开先进科技的推动。当前，先进科学技术在教育领域的应用非常普遍，科技推动教育发展的实效有目共睹，所以要继续发挥科技的优势，继续利用科技手段来提高与完善教学技术，使体育教学彰显时代性、先进性、创新性。

例如，多媒体技术是高校体育教学中运用较多的教学技术，教师要适当引进学生喜闻乐见的多媒体手段，提高学生的学习兴趣，激发学生的学习积极性，从而营造良好的课堂教学氛围，提升课堂教学效率。

三、综合性地选择体育教学方法

过去高校体育教师在选择教学方法时，很少考虑到对学生思维力、创造力的培养。如今，要尝试将多种教学方法有机结合，运用现代化的教学手段将课堂教学引入全新的境界，从而达到事半功倍的效果。多媒体技术在体育教学中的适时应用，不但使学生学到了体育知识，加深了对所学动作技术的理解、记忆和掌握，而且培养了他们主动思维、观察的学习能力。

四、依据教学要素编排体育教学方法

从宏观角度来看，各种教学组织形式、教学方式手段及教学艺术都属于教学方法的范畴。在高校体育教学中，教师应该采取什么样的教学组织形式、应该选用哪些教学方式手段、应该突出怎样的教学艺术等，都是需要教师考虑的问题。教师要深度分析教学内容、学生特点，同时还要从自身条件出发来解决这些问题。

高校体育教学方法与效果的关系，如图 3-2 所示。

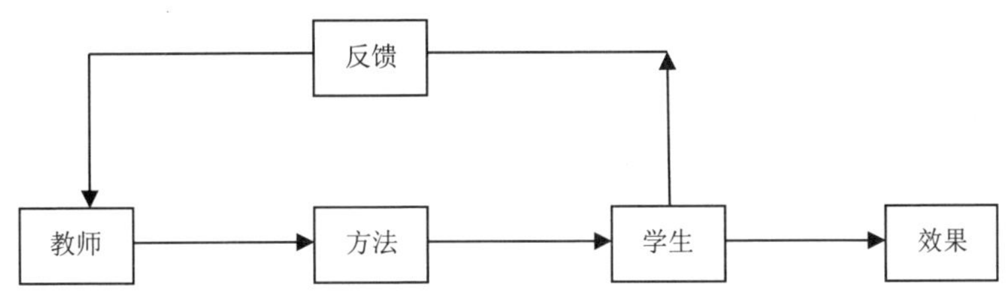

图 3-2　高校体育教学方法与效果的关系

教师实施教学方法，教学方法又作用于学生，从而将教师与学生进行密切联系，教学方法在这一过程中起到了重要的桥梁作用。由教学方法联系起来的教师与学生都是体育教学活动的主要参与者和实践者，体育教学效果在一定程度上是由这两个主体所决定的，如果教师缺乏专业素养，学生缺乏学习热情和创造性，那么就会在很大程度上降低教学效果。只有双方都以良好的状态进入教学情境，并相互协调配合，才有可能使教学效果达到预期。

五、依据实际情况改进体育教学方法

如何充分发挥体育教学方法的功能，从而提高教学质量，这是体育教师在体育教学中考虑的一个重要问题。高校体育教学方法的实施效果会受到很多主客观因素的影响。其中，客观因素中的实际教学条件不可忽视，如场地器材的数量、规格及其他教学资源等都对高校体育教学方法的实施效果起到举足轻重的影响。

体育教学现状存在地区差异，这与各地的经济条件、教学资源、体育传统等因素有直接的关系。例如，经济条件差的地区教学条件就比较落后，表现为缺乏体育场地和器材等；经济条件好的地区教学条件相对优越，可以为体育教学的顺利开展提供良好的保障。为了在体育教学中充分运用体育教学方法，并取得较好的实施效果，各地都应集中资源来优化教学条件，这是改进体育教学方法和提高体育教学方法实施效果的重要路径。

延伸高校体育教学方法的功能，扩大高校体育教学方法的应用范围，是扩展体育教学方法的两个主要方面。要实现有效的扩展，就要在优化改革教学组织形式上下功夫，如突破传统的按人数平均划分学习小组的分组方法，将学生的兴趣爱好、学习水平、运动基础等作为分组的主要依据，使不同兴趣爱好、不同学习能力的学生都能在新颖的课堂教学中获得更好的发展与长足的进步。

高校体育教师在对教学方法进行改进时，应保留原有教学方法中有价值的因素，创造新的教学方法，不断充实与完善体育教学方法体系，以便在体育教学实践中可以选出适宜的教学方法来推进教学工作的开展。

六、建设高素质的体育师资队伍

提高教师队伍的整体素质，一方面要依靠体育院校培养和输送高素质的毕业生以补充高校体育教师队伍；另一方面应重点立足于在岗教师的培养，加强对在岗教师的培训，通过培训使其掌握必要的教学理论和教学技能，使教师从单一的“技术型”向“复合素质型”转变，从而推动素质教育的顺利进行。

七、通过优选、组合体育教学方法保证教学效果

体育课程是按照完整的教学程序进行授课的，因此教学过程具有完整性和独立性的显著特点。在高校体育教学过程中，体育教学方法对于教学目标的实现、教学任务的完成有着重要影响，因此应合理选择、优化组合体育教学方法。

第四节　高校体育教学方法的发展趋势

一、多元化

高校体育教学的复杂性决定了体育教学方法的多元化发展。体育理论知识体系和运动技能内容的日益丰富、技战术的日益复杂等在客观上要求体育教学方法日益多元化。体育教学方法的多元化能够为体育教师开展体育教学提供多种选择，有利于创新教学思路与方法，进而实现教学目标。

在现代高校体育教学中，随着新课程改革的开展与深化，结合多方面影响因素，实现教学方法的多元化是高校体育教学发展的必然趋势。

二、现代化

随着现代体育教学的发展，现代化的教学设备、技术在体育教学中应用得越来越广泛。通过先进的现代化教学设备、技术，教师能够对学生的身体素质进行更加深刻的了解，并能够更好地制订运动训练的负荷量，为学生的学习和生活提供更加便捷的服务。

科学技术的进步对教学方法的影响是极其深远的。多媒体技术教学、移动通信教学、网络教学等诸多具有现代化特点的体育教学方法的优化创新，为学生的体育学习提供了更加快捷、生动、形象和立体化的教学情境，符合当下学生的学习习惯与需要，优化了教学效果。

三、民主化

民主化教学是现代高校体育教学改革中所提倡的一种新的体育教学思想。民主化教学有两方面的要求：一方面，体育教育面向全体学生；另一方面，呼吁体育教学中的师生民主。

随着高校体育教学过程中民主意识的崛起，民主化的体育教学方法也逐渐得到快速发展。在体育教学方法的选择过程中，也应关注到体育教学中的民主化条件、氛围的创设，让学生在良好的教学环境中学习、参与体育活动。

四、合作化

现代高校体育教学实践中，只运用一种教学方法不可能完成整个教学，这就需要对多个教学方法进行综合使用，即体育教学方法的合作化。

高校体育教学方法的合作化，是体育教学方法的重要创新策略。目前，自主学习、合作学习等已经在我国高校得到广泛应用，极大地促进了教学目标的完成和学生的全面发展。

一方面，注重学生合作的教学方法选择，有助于培养学生的体育合作意识，是实现对学生体育学习的社会性能力培养与发展的科学有效途径，能更好地通过教学活动组织实现体育的社会性教育功能。

另一方面，多种各具特点的体育教学方法的综合运用，可以最大限度地发挥不同体育教学方法的优势。多种各具特点的体育教学方法的优化合作，不仅能够有效地提高学生的技战术水平，还能够着重地培养学生的合作意识和良好意志品质。

五、个性化

高校体育教学方法面向的是全体学生，但不同的学生之间存在各种差异，这就需要在选择体育教学方法时突出个性化，即随着学生各方面的变化而进行适当调整。个性化的教学方法改革和创新对于学生和社会的发展均具有重要的意义，能够真正实现每一个学生有所发展和进步。

随着现代高校体育教学改革的不断深入与发展，学生的个性发展越来越得到高校的重视。同时，随着新的体育教学理念的推动、新的科学技术在体育教学中的应用，现代高校体育教学方法的个性化发展成为可能。学生的个性发展要求教师应根据学生的具体情况，采用不同的体育教学方法。这对于提高学生的体育学习兴趣，充分调动学生的体育学习积极性与主动性具有重要的意义和作用。

六、心理学化

促进学生的心理健康发展是体育教育的重要教育功能之一。高校体育教学方法的选择应为实现体育心理教育功能服务，体育教师在选择体育教学方法时应正确引导学生，培养学生的体育健身意识和良好的体育意志品质。

心理学理论在高校体育教学中的应用对于实现体育教学促进学生身心健康发展具有重要意义，为体育教学方法重视学生心理健康发展提供了启发。通过科学的心理学理论指导，体育教学方法的选用开始更多地关注学生的心理发育特点和心理活动特点，有助于有针对性地选择合适的体育教学方法，更好地激发学生体育学习的积极性与主动性。

第四章　高校体育教学模式的改革与发展

高校体育教学是培养学生综合素质和健康发展的重要环节，对于提高学生身心素质、培养团队合作精神和培养国家优秀体育人才具有重要意义。然而，随着社会经济的进一步发展和人们对体育教育的需求不断提高，高校体育教学模式的改革和发展已成为当下亟待解决的问题。本章围绕高校体育教学模式概述、高校体育教学模式存在的问题、高校体育教学模式的改革策略、高校体育教学模式的发展趋势等内容展开研究。

第一节　高校体育教学模式概述

一、高校体育教学模式的概念

教学模式是按照一定原理设计的一种具有相应结构和功能的教学活动模型。教学模式综合考虑了从理论构想到应用技术的一整套策略和方法，是设计、组织和调控教学活动的方法论体系。

"教学模式"一词最早是由美国学者乔伊斯和韦尔等人提出的，他们认为，教学模式是"试图系统地探讨教育目的、教学策略、课程设计和教材以及社会和心理理论之间的相互影响，以设法考察一系列可以使教师行为模式化的各种可供选择的范型"。当前，国内大致有结构论、过程论、策略论、方法论等几种观点。这些观点的相同之处是都指出了教学模式的稳定性特点；不同之处是结构论确定教学模式是某种"结构"，方法论将其视为某种"方法"等。

因此，要揭示教学模式的本质，必须从其上位概念"模式"谈起。模式的概念涉及人的两方面行为：一是对事物的稳定认识，二是对事物的稳定操作。前者构成认识模式，后者则构成方法模式。因此，认识模式和方法模式才应当是教学模式的两层基本含义。

就体育教学模式而言，我们把体育教学模式的概念定义如下：体育教学模式是蕴含特定体育教学思想，在特定教学环境下实现其特定功能的有效教学活动结构和框架。教学模式是对教学经验的概括和系统整理，教学实践是教学模式产生的基础，但教学模式不是已有的个别教学经验的简单呈现。同时，教学模式被看作沟通理论与实践的桥梁，既能用来指导教学实践，又能为新的教学理论的诞生和发展提供支撑。与其他学科教学相比，体育教学是一个比较复杂的教学过程，它与学习过程、游戏过程、训练过程等有着密切关系。因此，认知规律、身体锻炼规律、技能形成规律、竞赛规律等都是体育教学过程中必须遵循的规律，体育教学模式必须反映这些方面的特点。

二、高校体育教学模式的特征

（一）整体性

在高校体育教学过程中，体育教学模式所涵盖的内容与体育教学论体系的基本内容是大致相同的，主要包括以下两方面的内容。

一方面，明确规定体育教学主客体及其他教学因素在体育教学体系中所处的地位及发挥的作用。

另一方面，说明哪些因素会影响体育教学活动的实施及最终效果，阐释这些影响因素的基本理论及其对教学效果的具体影响。其中，教学物质环境、教学时空环境、师生关系等内隐性的教学因素是比较重要的影响因素。

鉴于体育教学模式所涵盖的内容与体育教学论体系的基本内容存在密切的关系，学术界也常常用“体育微型教学论”来对体育教学模式进行解释。

高校体育教学模式具有整体性特征，该特征要求体育教师在充分考虑以下几个要点的基础上灵活选择最适宜的体育教学模式，以确保高校体育教学的系统性。

一是体育教学模式的实施效果受体育教师自身教学素养、学生学习特征及课堂教学内容等多方面因素的影响，应全面把握和整体优化这些影响因素，以发挥积极因素的促进作用，消除消极因素的不利影响。

二是体育课堂教学效果的影响因素有主次之分，教师自身教学素养、学生学习特征及课堂教学内容等因素属于主要因素。此外，还有一些影响相对较小的次要因素，如气候、教学空间、授课形式等，但也不能忽视它们在体育教学模式实施中产生的影响。体育教师必须综合把握这些因素，并了解主次因素的内在联系及各要素之间的逻辑关系，从而在优化主要因素的基础上优化各项次要因素，确保主次因素的衔接性、配合性，从而在整体上保障体育教学模式的实践操作。

需要说明的是，不能将体育教学模式的整体性特征理解为各种因素、多个环节的简单相加，这些因素之间、各环节之间的内在关系值得深思与探究，要促进各种因素的优化组合，有序推进各个环节，使前面工作环节的落实能够为后面环节的实践操作提供便利，实现各环节的有效衔接。

（二）针对性

高校体育教学模式的建立并不是随意而为的，而是针对一定的内容进行的，主要包括：①某个具体的体育教学问题；②丰富多彩的体育教学内容；③个性明显的体育教学对象；④复杂多样的体育教学环境等。

高校体育教学模式的针对性特征说明没有一种体育教学模式是万能的，即使将某种教学模式用于所有体育课上，而且也按照操作程序一一实践了，教学效果也可能与预期目标有偏差。不同的体育教学模式都有自己的独特性，只有按照教学实际灵活选择最合适的教学模式，该教学模式才能真正在自己的专业领域最大程度地发挥自己的优势，实现自己的真正价值。

在传统的体育教学模式中，学生的主体性和主体地位不受重视，主观性得不到充分发挥，不可能快乐地投入体育学习，最终教学效果与预期的教学目标相差甚远。学生在体育课上有不愉快的课堂体验，必然会影响体育教学的顺利进行，影响教学目标在预期时间内的实现。为了有效解决这一问题，出现了快乐体育教学模式，但不是所有的体育课都适合采用快乐体育教学模式来调动课堂气氛，强化学生的快乐体验。如果教学内容较为简单，则适合采用该教学模式；如果教学内容较为复杂，采用该教学模式反而会弄巧成拙，使学生无法把握重点，影响教学效果。

（三）有效性

高校体育教学模式的构建必须遵循一定的理论基础，并要求贯彻相应原则，遵守基本要求。可见，完善模式构建理论在一定程度上能够指导模式构建的实践操作。除了要完善相关理论知识，还要在实践中运用每一种教学模式，以此来检验教学模式的科学性、有效性，及时发现教学模式存在的问题，然后在科学理论的指导下进行优化与完善。只有不断实践、不断完善，才可以更好地发挥各种教学模式的作用，通过实施最优化的教学模式来提高体育教学效率，减少教学资源的浪费。

（四）稳定性

一套完整的高校体育教学模式是在理论或教学思想基础上提炼出来，并且经过反复实践证明的，因此它具有相对的稳定性。它是教学实践活动的理论概括，在一定程度上对教学活动进行了揭示，具有一定的普遍规律性。它不涉及具体的学科内容，只是为教师提供了一个教学行为框架，通过运行相应的教学方法体系，使教学过程具有很强的操作性，并实现程式化，以便教师在课堂上有章可循、运用自如。

（五）可操作性

可操作性是高校体育教学模式的一个基本特征，其具体包含以下两个方面的含义。

第一，高校体育教师可按照教学内容、教学环境、教学对象的特点及其他教学实际情况、教学因素而选择合适的体育教学模式运用到课堂教学中，可见体育教学模式是具体可操作的。高校体育教学模式的构建是以基本的教学理论为指导的，其将教学理论转化为可操作的程序，然后在具体的教学活动中转变为一个个可具体操作的实践环节，从而推动教学活动的顺利进行。体育教学模式的实践性很强，可以说是体育教学实践的一个缩影。

高校体育教学模式的操作环节是环环相扣的，相邻环节之间的逻辑性非常强，整个模式结构严谨、思维缜密。有效实施各个环节，将操作程序落实到位，可大大增强高校体育教学的逻辑性，有条不紊地促进高校体育教学的发展。

第二，高校体育教学具有特殊性，如影响因素多样化、复杂化，教学活动实践性强，为了避免不受精确控制的众多复杂教学因素对教学活动造成消极影响，有必要构建具有稳定性的教学模式，通过实施教学模式中稳定性强的各个教学环节来落实教学工作，达到预期的教学目标。

（六）简洁概括性

高校体育教学模式的操作程序是由一个个紧密衔接的教学环节组成的，它与体育教学活动并不是重复的，或者说不能将体育教学模式看成是体育教学实践活动的“复写”。与高校体育教学活动相比，高校体育教学模式更加简洁明了，概括性很强，而且它仅仅保留了体育教学活动的主要因素，省去了次要因素，操作起来更为简便。

高校体育教学模式可以反映体育教学活动，而且从理论与实践两个层面上的反映都是具有简明系统性特征的，可以将其看作是体育教学理论的浓缩和体育教学实践的精简形式。开展体育教学活动，要先明确有哪些具体的操作环节，可以将这些环节联系起来构建教学模式，从而简单明了地开展体育教学活动。

下面从三个方面来阐释体育教学模式的简洁概括性特征，从而进一步理解体育教学模式与体育教学活动的关系。

首先是表现形式的概括性，如线条表现形式、图表表现形式、符号表现形式等，即用少许的线条、符号或图表就可以大致反映整个教学模式。

其次是表现内容的概括性，如提炼体育教学活动的主要理论或实践环节，将其浓缩成一个新的系统程序，然后用新的系统程序去落实教学内容。

最后是表现种类的概括性，不同层次的教学目标可通过不同的教学模式来实现，某一层次教学目标可能对应的不是一种教学模式，以此为依据可将能够促进同一层次教学目标实现的教学模式划分为一种类型，从而运用此类教学模式来更好地实现特定层次的体育教学目标。这也便于体育教师快速筛选适宜的体育教学模式，通过有序实施模式的程序来达到预期的课堂教学目标，有助于提高体育教师的工作效率和体育课堂的教学效率，避免浪费课堂时间和体育教学资源，使学生可以在时间有限的体育课上学习和掌握更多的体育知识与技能。

三、高校体育教学模式的构成

高校体育教学模式有很多构成要素，这些要素之间是相互联系、相互影响的，其中某个构成要素会在一定程度上影响其他构成要素及体育教学模式的整体。在高校体育教学模式的构成要素中，较为主要的有以下几个。

（一）体育教学思想

在高校体育教学模式的众多构成要素中，体育教学思想是处于重要的思想基础地位的。具体来说，体育教学模式的成功构建是基于一定的理论知识科学指导的。同时，在不同理论的指导下所构建的体育教学模式也存在着较大的不同。

（二）体育教学目标

在高校体育教学模式的众多构成要素中，体育教学目标也是非常重要的，其意义主要体现在体育教学质量的提高方面。一般情况下，一个合理、准确的教学目标可以引领体育教学正确的发展方向。科学构建体育教学模式，在体育课堂上合理选用教学模式及着手创新教学模式，都是为了顺利推进教学计划，实现预期的教学目标，达到良好的教学效果。倘若教学目标不明确或教学目标不现实，那么体育教学模式的构建与实施将毫无意义，而且也没有必要进行教学模式的革新。如果缺少体育教学目标，那么体育教学模式也就没有存在的价值和必要。

高校体育教学模式的效果如何，主要看学生通过体育学习有什么变化。体育教师会预先设想这种变化，即心中会有一个基本的目标，然后在课堂教学中通过实施体育教学模式来实现心中的目标，使学生通过每节体育课的学习都能有所收获。高校体育课堂教学的组织实施不是盲目的，每节课都有一个基本的主题，教师要围绕这个主题组织课堂教学，该主题的具体表现形式便是课堂教学目标。

（三）操作程序

教学活动需要按照操作程序进行。一般来讲，就是要按照科学合理的步骤进行，这样能够在一定程度上确保教学活动的顺利开展和良好教学效果的实现。在高校体育教学过程中，教师会对各个教学环节进行合理安排与有效衔接，它们不但在时间上是连贯的，而且内在逻辑也是清晰的，这就体现了体育教学模式操作程序的合理性。

在高校体育教学中采用不同的教学模式，需按不同的步骤和程序来开展具体的教学工作。需要强调的是，虽然每种教学模式的实施程序基本稳定，但也不能完全不顾教学实际而生搬硬套，要结合实际对个别环节进行灵活调整，否则教学模式的作用将无法得到充分发挥。

（四）实现条件

任何一种体育教学模式的采用，都必须通过具体的教学方法和手段来予以落实。在教学模式的操作过程中，各环节都会用到一种或多种教学方法与手段，这样才能确保教学模式的真正落实，而这些具体的教学方法与手段就是体育教学模式的实现条件，也是推进操作程序的具体路径。高校体育教学模式的操作程序为体育教师选用教学方法提供了方向，避免了体育教师面对丰富多彩的体育教学方法而不知如何筛选或盲目筛选的现象。

高校体育教学模式的实现条件包含：物力条件，具体指体育教学的基础设施；人力条件，具体指体育教学的两大主体，即教师和学生；动力条件，具体指体育教学内容、体育教学空间和体育教学时间。

（五）评价方式

高校体育教学模式的构建、实施和革新都是服务于预期体育教学目标的实现的，体育教学目标分为多个层次，选择何种教学模式来进行体育课堂教学，要视体育教学目标的层次、类型及具体目标而定。选择不同的教学模式，就要按不同的教学程序来开展各环节的教学工作，并且要创造不同的教学条件。为判断高校体育教学模式的有效性，需加强对各模式的科学评价，以了解通过采用教学模式而达到的教学效果与预期教学目标之间有哪些差距。

在开展高校体育教学模式评价工作的过程中，确认评价标准和选择评价方法是十分重要的两项工作。评价标准与评价方法的设定与选择要视具体的体育教学模式而定，不能将一套评价标准或一种评价方法用于对所有体育教学模式的评价中，否则体育教学模式的评价结果将会失去可信度。

四、高校体育教学模式的功能

（一）简化功能

高校体育教学活动所具有的特殊性和复杂性特征是非常显著的，这就要求体育教师的思辨和文字处理方式要合理，同时还需要借助其他一些简单明了的手段，这样才能保证理想的处理效果。

首先，高校体育教学模式在结构上是完整的、在机制上是系统的，可操作性也非常强。相较于抽象的理论来说，高校体育教学模式在具体化、简化方面的特征也是较为显著的，与教学实际的贴合程度更高。其次，高校体育教学模式还能为体育教师提供基本操作框架，使其在具体的教学程序方面有更加明确和清晰的认识，因此较容易被教师理解、选用、操作与认可。

（二）预测功能

高校体育教学模式在体育教学中实施所应该具备的重要基础和前提条件为体育教学活动中的内在规律与逻辑关系，其对于准确地预测体育教学进程和结果会产生积极影响。

通常，体育教学模式的预测功能体现在以下两方面：一方面，未达到预期的教学目标，则实际与预测存在差距，需要调整教学活动；另一方面，达到预期的教学目标，则实际与预测相吻合，证明理论与实践相统一。

（三）解释与启发功能

高校体育教学模式的解释与启发功能主要是将复杂的体育知识和技能通过教学过程中的解释和启发，使学生能够更加深入理解和掌握。具体来说，它有以下几个显著特点。

1. 强调知识解释

高校体育教学模式注重为学生解释体育知识的含义和原理。通过科学理论和实践经验的结合，学生能够理解知识背后的逻辑和规律。

2. 突出技能启发

除了知识解释，高校体育教学模式还注重对学生体育技能的启发。通过示范和引导，教师能够激发学生的学习兴趣和积极性，让他们自主探索、体验和实践，从而提高技能水平。

3. 注重问题引导

高校体育教学模式强调引导学生提出问题，并指导他们通过分析和思考来解决问题。通过问题引导，学生能够主动思考和独立解决问题，培养批判性思维和创新能力。

4. 强调理论与实践结合

高校体育教学模式将理论知识和实践操作有机结合起来。教师通过理论讲解和实践操作相结合的方式，让学生在实践中感悟理论，从而更好地理解和应用知识。

（四）调节与反馈功能

在高校体育教学中安排和运用体育教学模式，所参照的重要依据是具体的教学指导思想、教学条件和教学环境。在实际的运用过程中，如果某一种体育教学模式没有达到预先制订的教学目标，那么就需要对教学模式操作过程中的各个环节与因素进行深入分析，将其中的利弊关系分析并提取出来，深入分析其原因并提出相关对策，从而保证体育教学活动的科学性与合理性。

五、高校体育教学模式的分类

我国高校根据国家发行的指导纲要，结合本校的实际情况和实际需要，形成了各种各样的体育教学模式。现行的主要体育教学模式有以下几种类型。

（一）快乐体育教学模式

1. 快乐体育教学模式的概念

快乐体育教学模式指的是在以运动为基础的前提下，教师采用适宜的教学方法增加学生的体能，使学生从体育学习中得到快乐的体育教学模式。快乐体育教学模式的指导思想是让学生在教学过程中，不仅能够学习运动技能、锻炼身体，还能够充分感受到快乐，进而培养学生进行体育实践的意识。

快乐体育教学模式一般会采用将游戏、比赛融入在教学工作中，采用初步体验—挑战学习—创造乐趣的模式进行，它没有固定的教学方式，经常会随着教师和学生的改变有所不同，但其最终目的都是相同的，即让学生快乐地进行体育实践，实现身心的全方位锻炼成长。

2. 快乐体育教学模式的起源

我国的体育教学模式不断进行改进，体育教育工作者经过不懈的理论研究与实践探索，逐步建立了自己的教学模式，由以前的以教师为主体的体育教学变成了现在以学生为主体的体育教学模式。当前快乐体育教学模式已经在各地掀起了热潮，这不仅是传统体育教学体制与方式的改革，还是我国对体育锻炼的重新认识的反映。快乐体育的根本在于，在体育教学过程中通过激发学生的主观能动性，调动学生主动进行体育实践的积极性，使学生能够快乐地进行体育实践，并且形成积极锻炼的思想。

3. 快乐体育教学模式的特征

相对于传统的体育教学模式，快乐体育教学模式有一套完整的思想体系对体育教学工作进行指导。在开展情感教学的基础上，对学生进行人格教育、身体教育，关注运动给学生带来的乐趣，充分激发学生的积极性。

（1）全面加强素质教育

快乐体育教学模式有助于学生各方面的发展。首先，快乐体育教学模式的实施不会让学生仅仅进行体育锻炼，而是会让学生在快乐中进行体育锻炼，体会到运动的乐趣；其次，快乐体育教学模式能够帮助学生在体育锻炼中开发智力；最后，快乐体育教学模式有助于全方面地培养学生的素质，如审美能力、道德品质、个性等。

（2）培养主观能动性

在快乐体育教学模式中，真正的主体不是教师，而是学生；学生是体育教学工作服务的对象，所以应当充分尊重学生的主体地位。快乐体育教学模式会让学生在一种令人愉悦的气氛中进行学习，有助于学生发挥主观能动性及发散思维。

此外，快乐体育教学模式相对灵活，教师会根据每个学生的特点及长处因材施教，使其在进行体育锻炼时能够使自己的个性得到发展。

（3）主动积极的学习

主动积极的学习就是要调动学生学习的积极性，这也是快乐体育教学模式的目标之一。主动与被动有着本质的区别，一般来说，当人们被动地接受某件事时，心情会较差；当人们主动地接受某件事时，心情会较愉悦。快乐体育教学模式能够从根源上发掘快乐，充分调动学生主动学习的积极性。

（4）相辅相成的教学

体育教学与其他学科的教学是相辅相成的。快乐体育教学模式有助于学生拥有健康的身心，有助于他们进行其他学科知识的学习。快乐体育教学模式以体育课堂为主，课间操及课外其他体育活动为辅，当学生从体育活动中获得快乐之后，会更加高兴地学习其他课程。

（二）“三基”型体育教学模式

“三基”（基本知识、基本技术、基本技能）型体育教学模式是最原始的体育教学模式，其教学理念是在注重增强学生体质、提高身体素质的基础上，教授学生掌握体育基本知识、基本技术和基本技能。“三基”型体育教学模式的优点是能够充分发挥教师在教学过程中的主导作用，促进教学规范化，并且能使学生比较扎实地掌握体育基本知识、基本技术和基本技能；缺点是不能满足学生的学习兴趣需求，不易激发学生的学习积极性，因而教学效果不够理想。

（三）并列型体育教学模式

并列型体育教学模式提倡不仅要传授学生体育基本知识、基本技术和基本技能，还要提高学生的体育运动水平。并列型体育教学模式在教学过程中要兼顾学生的兴趣爱好，注重调动学生的积极性，采用因材施教的教学方法对待不同身体素质的学生。并列型体育教学模式的进步在于充分考虑了学生在体育教学过程中的地位，对具有不同体育基础的学生进行因材施教，同时兼顾了学生的兴趣。

（四）三段型体育教学模式

三段型体育教学模式目前在我国各大高校使用较为普遍，它采用一年级开设体育基础课，二年级开设体育选项课，三、四年级开设体育选修课的方式组织教学。这种教学模式既能增强学生的体育基础，提高学生的身体素质，又能在一定程度上满足学生的体育兴趣需求，调动学生体育学习的积极性，培养学生的体育运动能力和课外体育锻炼的习惯，为终身体育打下基础。

（五）一体化型体育教学模式

一体化型体育教学模式是以增强学生体质、培养学生体育锻炼习惯为指导思想，通过课堂教学和课外体育锻炼一体化，实现课内外相结合的一种体育教学模式。一体化型体育教学模式的优点在于通过课内外的结合，保证体育教学的整体性，培养学生自觉进行体育锻炼的好习惯，并为学生的终身体育打下坚实的基础。

但是，一体化型体育教学模式在实施过程中较难全面贯彻。由于课外体育锻炼缺乏教师的组织和指导，有些学生难免变得懒散，这使得课外学习与课堂教学脱节，因而较难保障课内外教学的连贯性和完整性。

（六）领会式体育教学模式

1. 建立背景

领会式体育教学模式是在 20 世纪 80 年代由英国学者提出的。当时，运用这种教学模式主要是为了对球类教学的教学过程结构进行合理改造，对新教学过程进行领会，试图通过这一教学模式对以往教学中存在的缺陷进行改正，以提高球类教学质量。

2. 指导思想

领会式体育教学模式的指导思想主要包括：①强调先尝试，后学习；②要在尝试的过程中了解学习运动技术的重要性，进而提高学生学习的主动性；③强调先进行完整教学，再进行分解教学，在对分解后的各部分知识有所掌握后再进行完整的尝试，从而对学习前后的效果进行对比；④竞赛是开展体育教学活动最主要的组织形式，有利于提高学生学习的积极性。

3. 主要优缺点

（1）优点

领会式体育教学模式通过先让学生初步进行体验，体会出学习正确动作的必要性，然后教师根据学生的实际情况选择合理的教学方法，促使学生产生强烈的学习动机和需要，进而将学生学习的积极性调动起来，提高学习效率。

（2）缺点

在尝试性比赛中，可能会因为学生对运动技术缺乏深刻的了解而使比赛无法顺利进行。

（七）发现式体育教学模式

1. 建立背景

发现式体育教学模式是指通过体育教师的适当指导，学生能够独立地发现和解决问题，从而更加深刻地掌握相关原理和知识的一种教学模式。这种教学模式主要强调学生的直觉思维、内在的学习动机及教学过程三个方面。

2. 指导思想

发现式体育教学模式的指导思想就是在体育教学中通过遵循学生的认知规律来考虑教学过程，体现以学生为主体、以学生为中心的思想。

具体来说，发现式体育教学模式的指导思想包括：①着重增强学生学习的积极性和趣味性；②调动学生思维的主动性，开发学生的智力；③在以学生为主体的前提下，对学生进行指导；④在将答案揭晓之前，要让学生自己去探索问题的答案；⑤对问题情境进行设置，并使学生投入教学情境的过程更为自然，对学生的学习热情与积极性进行激发与鼓励；⑥可以提高学生学习运动技能的效率，使学生更加深刻地领悟技能和知识，记忆更加牢靠。

3. 主要优缺点

（1）优点

①发现式体育教学模式能调动学生学习的热情和积极性，提高学生的学习效率；②发现式体育教学模式有利于开发学生智力，提高学生智力水平。

（2）缺点

①发现式体育教学模式会在问题的提出、讨论、解决等环节占用大部分的教学时间，从而使得运动技能练习与巩固的时间相对减少，因此会对学生学习和掌握运动技能的效果产生影响；②发现式体育教学模式还会受到不稳定因素的影响，所以从教学模式的评价来看，无法在短时间内与其他教学模式进行比较。

（八）合作学习型体育教学模式

1. 合作学习型体育教学模式的概念

合作学习型体育教学模式的显著特点之一是尊重学生的人格与个性，将学生视为主体，注重个体差异和发展需求。

在合作学习型体育教学模式中，教师与学生建立起以合作、互助和共同成长为基础的新型关系。教师旨在引导和激发学生的兴趣与动力，鼓励学生参与教学过程，从而更好地实现教学目标。

2. 合作学习型体育教学模式的应用意义

（1）体育教师能够以一个教育者的身份开展高校体育工作

对于所要求的体育教师而言，他一定是在教育方面有过相应的研究，同时他所做的工作和其他教学科目在根本的目标设置上并没有具体的差别。例如，数学教师是通过算术几何及求解方程等形式来发展和提高学生智力，使学生得到全面提升；语文教师是通过文字和语言来发展学生的智力，提高学生的整体素质和文化水平，让其得到全面健康的发展；体育教师是通过体育锻炼和运动来提高学生的身体素质和智力，促进学生体育水平的提高和身心的发展。尽管各学科教师所使用的手段和方法不尽相同，但是他们根本的教学目标是一致的，都是为了学生的发展，促进学生的全面提高和智力发育。

（2）体育教学的组织工作为合作学习创造了良好的机会

与其他学科教学相比，体育教学工作更加灵活多变，这就导致体育教学在组织和实施方面较为复杂。在高校体育教学过程中，体育学科的内容每年都在变化，这就导致体育教学方法也在不断发生变化，甚至教师、学生的角色主体地位也在发生着变化。正是因为有这种角色主体地位的变化，才会产生合作的机会，所以教师必须在体育教学过程中帮助和引导学生进行合作交流，这样才能更好地完善体育学科的学习，从而达到最佳的教学效果。

（3）体育教学的内容和方法为合作学习提供了基础和条件

在高校体育教学过程中，许多运动项目和教学内容是需要集体完成的，同时存在相互配合的特点，这就使合作学习在体育教学过程中产生了存在的基础和条件。

教师必须从一个教育者和研究者的身份出发，通过体育教学，合理安排和帮助学生进行学习，使学生在体育学习的过程中认识到合作的重要性，从而逐渐完善学生的个人品格。

（九）选项课型体育教学模式

相比于其他体育教学模式，选项课型体育教学模式给予了学生充分的尊重和自主选择的权力，它采用一、二年级均为体育选修课的方式组织教学，高校根据学生的兴趣提供丰富的体育教学项目供学生自主选择。其优点是充分满足了学生的兴趣，能积极主动地配合教师的教学，使课堂气氛好、教学效果佳，同时也有利于培养学生的终身体育习惯。但是，选项课型体育教学模式对师资条件和教学场地等硬件条件要求较高，条件较差的高校要实施这种教学模式难度比较大。

（十）俱乐部型体育教学模式

1. 俱乐部型体育教学模式的概念

“俱乐部”一词源于欧美，也称“总会”，是社会团体及公共娱乐场所的总称。在我国，一般也将各种文化娱乐、体育活动等场所称为俱乐部。

根据美国经济学家詹姆斯·布坎南在 1965 年《俱乐部经济理论》中提出的俱乐部理论和由王同亿主编翻译的《英汉辞海（上册）》对“俱乐部”所作的定义，可将俱乐部的主要特点概括为：俱乐部有一定的地理区域范围，该区域范围内存在有一定关系的人群，俱乐部具有相对的独立性，成员拥有相对一致的利益，某些需求可在俱乐部中得到满足。

由于体育俱乐部的多样性和复杂性，明晰体育俱乐部的概念显得更加重要。体育俱乐部大体上可分为业余、职业和商业三大类。体育俱乐部是一种社会组织，是人的集合；是从事体育活动的社会组织，是自发的社会体育组织，是一种由社会兴办的开展体育活动的基层组织。体育管理部门把体育俱乐部界定为：体育俱乐部是指由企事业单位、社会团体和公民个人利用非政府财政拨款举办的，以开展体育活动为主要内容的基层体育组织。

作为一个非营利的实体，高校应归到业余体育俱乐部这一类别中。体育课程既要突出课堂教学，又要服务于课外活动。高校体育的主要形式是体育教学，以体育俱乐部形式进行教学，应该遵循教学的规律，即在教师指导下，自由选择项目、教师、上课时间。具有共同体育锻炼爱好的大学生基于生理、心理、社会和自我完善等需要，以素质教育、健康教育为目标，以高校体育场馆为依托，围绕着某一运动项目，从大课程观出发，把体育教学、课外体育活动、群体竞赛、运动训练四者有机地融为一体并纳入课程之中，成为一种综合的体育教学形式，被称为“俱乐部型体育教学模式”。

2. 俱乐部型体育教学模式的特点

（1）明确的培养目标和指导思想

高校俱乐部型体育教学模式以终身教育为目标，要求每一个学生要学会进行自我锻炼、自我诊断、自我评价。高校俱乐部型体育教学模式结合高校体育教学实用性、多样性、社会性、娱乐性的特点，以终身体育为指导，把增强学生体育锻炼意识、掌握体育锻炼技能和方法、养成体育锻炼习惯、提高身心健康水平及社会适应能力作为教学的出发点和归宿。俱乐部型体育教学模式立足“课内增知，课外强身”的指导思想，体现“以人为本”的教育思想，围绕运动参与目标、运动技能目标、身心健康目标、心理健康目标和社会适应目标开展体育活动。

（2）新颖的教学组织形式

高校俱乐部型体育教学模式打破了年级的专业限制，教师按照学生的需求和水平分层教学，这样既能够发挥教师的专项特长，又有利于学生获得最佳的情感体验，符合因材施教的原则。

（3）充分发挥体育教师的专业特长

在传统的体育教学过程中，教师要按照教学大纲中的内容上不同类型、不同项目的体育课，有些教师在实际教学过程中可能会感觉到难以胜任，既保证不了教学质量，也难以发挥教师在教学中的主导作用。通过俱乐部进行教学，教师可以充分发挥自身专项特长，提高教学质量。

调查发现，课外单项体育俱乐部或一些体育协会的指导教师是各个专项中最具说服力的教师，他们在学生的心目中具有较高的威信，其人格魅力也在吸引着学生参加俱乐部的活动。

除此之外，教师之间也充满竞争。学生的选课、择师、择教是动态随机的，学生对教师的满意度是教师考核的主要依据，这样教师不仅要成为某一项目的专家和权威，还要同时掌握几种体育运动技能。

（4）学生参与教学与组织管理

高校俱乐部型体育教学模式把学生的兴趣爱好放在第一位，在强调教师主导地位的同时，更加注重学生的主体地位；把组织、管理、活动等权力交到学生手中，提高了学生学习的积极性、增加了学生学习的主动性，让学生参与体育教学与组织、管理，不仅仅培养了部分体育骨干，更重要的是让学生掌握了体育锻炼的方法、养成了体育锻炼的习惯、培养了体育运动的能力。学生通过在课堂上所掌握的体育锻炼的方法去进行课外体育锻炼，在体育教学中实现了有形效果和无形效果的统一、教育的短期效应和长期效应的统一。

（5）课内外一体化，拓展体育时空

高校俱乐部型体育教学模式以传授理论知识、培养兴趣、增强体育意识、掌握运动技能为主，是实现体育课程目标的有效方式。对于学生来讲，课内学习运动知识和技能，课外通过课内所学去指导实践，并在教师和其他同学的帮助下，通过参与俱乐部组织的各种锻炼及形式多样的校内外群体竞赛活动，获得体育运动的乐趣，提高运动技能、养成锻炼习惯，实现课内外一体化，拓展体育时空，从而形成以“热爱体育、参与体育、享受体育”为主旋律的校园体育文化。

第二节　高校体育教学模式存在的问题

一、高校体育教学模式有待丰富

我国在高校体育教学模式改革方面做出了一些有益的尝试，并取得了一些成果。虽然传统的高校体育教学模式难以完全革新和转变，但在如今的教育教学大背景下，逐步推进改革仍然是非常重要的。

首先，我国开始注重发展多样化的体育教学模式。传统的体育教学模式主要注重体育项目的竞技训练，强调成绩和竞争；现代的体育教学模式则开始关注学生的自身差异和兴趣爱好，注重培养学生的综合能力。例如，通过开展健身、休闲、文化体育等多样化的体育教育项目来满足学生多样化的需求。

其次，我国开始注重培养学生的体育素养。体育素养强调的是学生的身体素质、运动技能、运动意识和运动健康意识的综合发展。通过培养学生的体育素养，可以使其在体育领域中获得更综合、更广泛的发展。

此外，我国也开始注重推动信息技术在体育教学中的应用。通过引入互联网、智能设备等技术手段，可以提供更丰富的教学资源和教学方法，提高体育教学的效果和效率。

值得一提的是，体育教学模式的改革既需要教育教学管理者的支持和推动，也需要教师的积极参与和努力。只有通过多方合作，才能推动体育教学模式改革的深入进行，并取得更好的效果。

总之，未来我们需要继续努力，积极推动体育教学模式改革的深入进行，以适应教育教学大背景的需求，促进体育教育的全面发展。

二、高校体育教学课程的重视程度有待提高

当前多数高校对体育课程有了正确的认识，但仍需进一步提高重视程度，以进一步增强学生的身体素质和健康状况。

首先，体育课程不仅可以提高学生的身体素质，还可以培养学生的团队协作能力、意志品质等方面的素质。身体素质是其他素质和能力的基础，没有良好的身体素质，其他素质和能力也难以得到充分发展。

其次，国家积极倡导体育教学改革，并着手实施各项相关措施，当前多数高校能够根据时代发展的需求并结合本校及本校学生的实际情况展现本校体育特色、明确教学目标、提升教学质量和水平。但是，受到传统教学目标的束缚，在重视程度方面仍存在较大的提升空间。

三、高校体育教学课程设置不够科学

从当前我国高校体育教学课程设置情况来看，在课时设置、授课方式、教材选用等方面仍有进一步提升的空间。

（一）体育课程课时设置方面

部分高校体育课时设置数量不足，这成为影响高校体育教学质量提高的重要因素之一。

（二）体育课程授课方式方面

目前，部分高校体育课程师资力量需进一步增强，教师对学生的教学需进一步深入，以引导学生透过体育学习深刻理解体育教育的核心精神，实现对学生体育素质的提升和体育能力的培养。在更进一步的体育运动项目知识掌握、技能提高方面，目前的体育教学还不能充分满足大学生的体育发展需求。

（三）体育教学教材选用方面

我国高校体育教学教材没有充分考虑到体育教学的特殊性（如一些地方高校的教学特色、学生情况等）。另外，教材更新换代的速度应进一步加快，教学内容的编排应进一步完善，以提高教学的机动性。

四、高校体育教师的主导地位受到削弱

信息技术、数字技术和人工智能改变了人们获取信息的方式，在线开放课程、智慧教育平台及在社会公共场所的沉浸式体验、实践锻炼等成为学生信息和知识的来源。学生的学习方式发生了深刻变化，部分高校体育教师不能够很好地总体把握教学环节，在教学能力上存在较大的提升空间。

五、高校体育教学形式不够丰富

当前，高校对学生的个性发展普遍展现出高度的重视，但在体育教学形式、体育教学任务和教学模式方面，仍有进一步丰富的空间。

第三节　高校体育教学模式的改革策略

一、明确体育教学目标

高校体育教学模式改革应强调终身体育观，将“健康第一”的体育指导思想放在首位，以此来明确体育教学目标与教学方式。

一般来讲，可以将高校体育教学目标分为三个阶段：第一个阶段是创建合理的教学模式，并进行理论的传播与实践的培养；第二个阶段是审核体育教学目标的可实施性；第三个阶段是实现体育教学的基本目标。

二、注重体育教学设计

高校体育教学要保证科学性和合理性，必要的体育教学设计是非常重要的，这样才能将高校、学生、社会需求等方面有机结合起来，从整体上进行规划和设计，高校的资源优势也能得到最大程度的利用，为学生营造良好的学习环境与氛围。

在高校体育教学设计中，现代网络科技信息平台的开发与运用所起到的作用越来越显著。学生可以在现代化教学平台上选择自己感兴趣的教学内容和喜欢的教师，甚至还可以自主选择上课时间，充分发挥自身的主体作用，使自主学习需求得到最大程度的满足。这样有利于提高学生的自主学习能力和教师的教学创造力。

三、转变教师的教学观念

高校体育教学模式改革最根本的任务就是转变教师对传统体育教学模式的执念，使他们认识到信息技术的优势，并且主动将信息技术引进课堂。

目前，还有一些体育教师对体育课程改革的重视程度不足。造成这种现象的原因有以下两个方面：一方面，部分高校信息技术设备的数量不足，对教师进行体育课程创新的支持力度不够充分；另一方面，部分教师需进一步转变思想，提高对新鲜事物的接受程度。

为了改变这种状况，使信息技术尽快地被引进体育课程，高校必须要加大对新型设备的投入力度，同时采用将信息技术纳入绩效考核等方法引导教师转变教学观念。

四、采取科学措施推进教学模式改革

对于高校体育教学来讲，必须采取科学措施对当前的体育教学模式进行改革，使教学适应时代的要求，形成发展的后劲。

（一）更新体育教育理念

牢固树立身心综合发展新观念，注重因材施教。树立通过体育运动促进学生身心发展的教育理念，树立高校上下联办体育的大运动观念，树立个性化、民主化、多元化和人文教育的观念，从而为体育教学模式的改革奠定坚实的思想基础。

（二）加强制度建设

为了确保体育运动在学生的整体发展中发挥应有的作用，有必要重新对体育教学大纲进行修订，以丰富体育教学内容，规范体育教学活动。从大学体育教学的现实出发，在深入调研的基础上，按照身心全面发展的需要，建立具有时代特征的、科学的体育管理综合评价体系，切实体现教学效果。建立全校体育教育系统，明确责任的各个方面，并纳入对各方工作绩效的评估，以创建联合管理的局面。

（三）重视体育科研

高校体育教学模式改革涉及一系列问题，这些问题已经超越了我们过去形成的体育知识、体育哲学和体育经验。为了正确地指导高校体育教学模式改革，必须将体育作为一门科学进行真正的研究。通过科学研究找出当前高校体育教学模式的弊端，并找出改革的思路和方法。

高校体育教学模式产生于将体育教学整体理论引入教学实践过程当中，它具有促进体育教学理论向实践转化和教学经验总结的功能，而体育教学理论又来自教学实践研究的积累。因此，高校体育教学模式的教学实践研究就是体育教学整体理论指导实践的研究，它来源于教学实践研究并指导着教学实践活动。

五、推动演绎型教学模式的更新与发展

从理论假设开始、形成于演绎的演绎型教学模式的构建是基于一定科学理论基础的。运用该模式进行体育教学，要求体育教育工作者自觉在科学教学理论的指导下开展具体的教学工作，体育教师要围绕该模式对应的教学目标组织开展体育课堂教学的各个环节，推动预期教学目标的顺利实现。随着高校体育教学理论

的研究越来越全面、深入、精细，演绎型体育教学模式也要不断更新和优化，以适应教学理论研究的变化趋势。

六、注重体育教学模式实施效果的评价

高校体育教学模式是否科学有效，体现在其实施效果中，因此要注重对体育教学模式的科学评价，了解其实施效果，以便不断优化和完善体育教学模式，进一步发挥其促进体育教学发展的积极作用。评价高校体育教学模式的实施效果，需注意将定量评价与定性评价密切结合起来。不同的教学模式对应的教学目标有所区别，因此在评价体育教学模式实施效果时，应清楚各类模式对应的目标，从而设计相应的评价目标。

七、加强对信息化技术的学习

体育教师对信息化技术的掌握水平在很大程度上会影响体育教学的效果。提高体育教师的信息化技术水平，需要高校和教师双方的共同努力。就高校方面而言，要定期组织对教师的信息技术培训，提高教师运用信息技术的水平，要求体育教师学会运用互联网教学软件、制作开发教学资源，实现翻转课堂与混合式课堂教学，以及信息技术与体育教学的深度融合。就教师方面而言，应该树立主动学习的意识，增强自己的信息化技术水平和教学能力。

第四节　高校体育教学模式的发展趋势

一、体育教学模式的目标趋向情意化

社会变革和科技进步会在很大程度上影响着人们的心理素质、身体素质及社会适应能力等。在实施素质教育的过程中，高校要以培养学生的创新意识和体育能力为重点，通过改革教师的教育理念、教学方法、教学内容和教学评价等方面来贯彻新的体育教学思想。

现代教学理论研究和教学实践活动都已表明，学生的智力因素与非智力因素在其学习活动中的作用都非常重要。现代教学模式注重培养学生的自立性、情感性和独创性，使教学过程具有新奇、有趣等特征，学生在浓厚的兴趣、强烈的动机、顽强的意志状态下学习和掌握体育知识与技能，更能激发其求知的内驱力，具有很强的情意色彩。

二、体育教学模式的发展理念趋于突出学生主体性

高校体育教育要树立“健康第一”的指导思想，强调全面促进学生的身心健康发展，体育课程目标实现由单一生物体育观到多维体育观的转变。注重现代教学方法与手段的综合运用，按照学生身心发展的规律及不同特点，采用不同的体育教学方法，做到因材施教。

现代高校体育教学模式的发展理念趋于突出学生主体性，培养学生参与体育活动的兴趣和热情，使体育朝着“快乐化、生活化、终身化”的方向发展，强调人在参与运动过程中达到自身满足的目的。

三、体育教学模式的形式趋向综合化

高校体育教学模式的形式趋向综合化是指体育教学模式向课内课外一体化发展。学生课内的主要任务是学习一些新的知识点，改进一些错误动作，因此学生要充分利用课外的时间，加强强化和过渡练习，复习与巩固已学的知识与技术，只有这样才能把运动技能逐步熟练化、自动化。

四、多种体育教学模式并存发展

高校体育课程发展目标的多样化势必会导致多种体育教学模式并存的发展趋势，每一种教学模式都有其特定的教学情境，这就要求教师整合已有的体育教学模式，根据教学目标要求对各种教学方法和手段进行优化组合、综合运用，从而形成比较稳定的教学模式。

五、体育教学模式的研究趋于精细化

当代体育教学模式的研究趋于精细化的表现之一，就是除继续研究一般教学模式外，将主要精力用于研究学科教学的课堂模式。体育教学模式研究精细化趋势的出现，必将促使教学模式的研究向纵深发展。教学模式不是万能地适用于每一个运动项目，如排球运动的各项技战术也非常精细，在排球教学中不能固守已有的体育教学模式，而是应在批判继承已有的体育教学模式的基础上，借助新的理论、新的方法和新的认识，建构出适合某一个课次或每一项技战术的新的教学模式，使其更加精细化，这样才能起到事半功倍的教学效果。

第五章　高校体育教学评价的改革与发展

高校体育教学评价是评估学生体育素养和教学效果的重要手段，对于促进学生全面发展和提高体育教学质量具有重要意义。然而，传统的体育教学评价模式存在一些问题和局限性，不足以准确反映学生的真实水平和教学效果。针对这些问题，我们需要进行高校体育教学评价的改革与发展。本章围绕高校体育教学评价概述、高校体育教学评价存在的问题、高校体育教学评价的改革策略、高校体育教学评价的发展趋势等内容展开研究。

第一节　高校体育教学评价概述

一、高校体育教学评价的概念

（一）教学评价

教学评价是对教学工作质量所进行的测量、分析和评定，是以教学目标为依据，按照科学的标准，运用一切有效的技术手段对教学过程和结果进行测评，给予价值判断并为教学决策服务的活动。教学评价是对教学活动现实的或潜在的价值做出判断的过程，是研究教师教学和学生学习价值的过程。教学评价包括两个核心环节，即对教师教学工作的评价和对学生学习效果的评价。

全面客观的教学评价工作不仅可以对学生实现教学目标的程度进行评估，还可以对教学效果不佳的原因进行解释。教学评价是对教学进行的一次严谨的科学诊断。

教学评价的具体作用如下。

第一，激励作用。教学评价对教师和学生具有监督及强化作用，其可以反映教师的教学效果和学生的学习成绩。教学实践表明，在一定的限度内，经常进行记录成绩的测验可以使学生的学习动机得到有效激发，促进课堂的有效教学，提高学生的核心素养。

第二，调节作用。教学评价反馈的信息可以使师生了解教和学的实际情况，师生按照教学评价反馈的信息对教学计划进行修改，并对教学行为进行调整，有利于实现预定的教学目标。

第三，教学作用。教学评价本身也是一种教学活动。在这个教学活动过程中，学生不断获取知识和技能，有助于促进学生的全面发展，有效地促进了教学活动的进行。

（二）高校体育教学评价

高校体育教学评价是指把体育教学系统作为客观存在的认识对象，在教学分析的基础上，按照一定的标准对其进行相应的价值判断。它主要包括对高校体育教师教的评价和对学生学的评价两个方面。

这里需要注意两个基本观点。一是高校体育教师的教学不仅包括体育课堂教学，还包括单元教学、学期教学、学年教学等。因此，对高校体育教师的教学评价不能仅仅局限于体育课堂教学评价，必须在以课堂教学为重点的基础上，结合教师的相关前期教学准备工作与后期教学反思和总结工作，这样才比较全面与客观。二是对学生的评价既要关注体育课堂学习效果的评价，还要结合学生体育学业的评价，即学期评价、学年评价与学段评价等，同时还要结合每年的国家学生体质健康标准测试的结果，这样才比较全面与科学。

二、高校体育教学评价的特点

（一）动态性

高校体育教学评价既看重对发展环节的评价，也看重对最终成效的评价。

具体来说，就是在评价过程时，要看这一过程是否有利于达到预定的目标、能否有利于取得良好的效果；在评价结果时，要对取得这一结果的方式、手段与过程进行充分考虑。对以上两方面的评价均是实时的，是伴随着体育实践活动的开展而动态变化的，因此具有鲜明的动态性。

（二）发展性

高校体育教学目标是体育教学的出发点，其将教学主体的价值观念集中体现了出来。换言之，在一定阶段内，体育教学活动是否达成预定的目标及达成的程度如何正是开展体育教学评价的依据所在。

体育教学评价曾长期受传统教育价值理念的束缚，将运动技能的培养作为一切教学活动的中心。事实证明，这一认识方面的偏差对高校体育教学的发展有一定的消极影响，造成了体育教师的“教”极为看重对技术能力的教授与传递，对于学生的兴趣爱好、个体差异、身心发展需要等方面则较为淡漠。如今，以人格和谐发展为核心理念的文化价值观已日渐深入人心，获得了社会各界人士的普遍认同。在此理念的推动下，体育教学评价的相关部门与人员重新审视了体育教学目标，逐步关注学生这一本体的发展，并将促进他们人格健全、文化素养提升、知识与技能体系构建等目的有机地融入了体育教学活动的方方面面。同时，体育教学是否有益于学生身心的全面与长远发展也成了体育教学评价中的一项重要内容。

（三）多元性

高校体育教学评价的主体具有多元性特点。在过去，高校体育教学评价的模式较为单一，主要体现的是管理层的看法和见解，因此评价的结果往往较为片面，并且准确度也不高，对于评价的过程和结果，学生的反应也呈现出一定的消极表现。这正是被评价者不能积极参与，导致评价者往往不能准确地发现问题，使评价的发现和改进功能不能得到很好的发挥。在当今时代，学生在体育教学中的主体地位得到了充分重视，体育教学评价逐渐转变为学生积极参与、自我反思和逐步发展的过程，极大地缓和了过去教学中长期存在的师生矛盾和隔阂，拉近了两者之间的距离，并且在其间构建起一种和谐、平等的评价关系。

（四）过程性

当前，对学生体育学习过程的把控程度逐步成为体育教学评价中的重要关注点。在体育实践中，体育教师能否充分发挥自身的引导功能，针对性地对学生的学习过程给予指导，直接决定着他们能否取得身心发展上的突破性进步。因此，体育教师理应关心、爱护并尊重学生，重视他们在课堂内外的一言一行，及时发现他们在学习过程中的难点和不足之处，并给予及时、适当的帮助及客观公允的评价，让其养成良好的学习习惯、掌握高效的学习方法，以取得身心的全面成长。学生对教师教学过程的评价则有助于教师不断提高教学方法和教学内容的适应性，推动教师教学水平和教学质量的稳步提升，从而实现高校体育教学的蓬勃发展。

（五）多样性

在高校体育教学中，既有各式各样的体育知识和技能项目，也有各方面存在显著差异的施教者（体育教师）和受教者（学生），对于不同的课堂内容和教学对象，自然不可采取千篇一律的评价方法。经过多年体育教学评价的实践发展，已逐步形成系统化的体育教学评价体系，其中包含着多种多样且独具特色的评价方法。但这些评价方法的适应性较低，因而在实际开展体育教学评价时，应全面了解各种评价方法的特点和规律，正视其缺陷与不足，为保证教学评价的过程与结果能够科学合理、公平客观，可以综合利用多种方法进行评价，以最大程度地发挥各种评价方法的优势和长处。

三、高校体育教学评价的功能

（一）导向与激励

各科教学所规定的教学目标与内容是进行教学评价的基本依据，通过教师的教和学生的学两个双边活动实现预期的目标。对于体育学科来讲，新课程标准中设置了运动参与、体能、运动技能、心理健康与社会适应四个基本目标。高校体育教学的目标要按照课程目标加以具体化，因此这个具体化目标的达成程度是高校体育教学评价的主要根据。如果顺利达成，那么高校体育教学效果就可以获得一个很高的评价，所以也具有了评价的激励功能；如果没有达成，那么就需要深挖影响效果的各个因素，分析原因与对策。因此，教学评价有利于各级各类高校端正教学指导思想和办学方向。此外，对于学生而言，评价也可以起到激发学生学习动机与动力的作用。研究表明，对学生进行目标设置与成绩测验，可以有效激发并调动学生的学习兴趣，推动课堂学习。

（二）鉴别和诊断

高校体育教学评价有助于了解教师教学的效果和水平、优点和缺点、矛盾和问题，这就是对教师的考察、诊断和鉴别。如今，国家大力提倡教学质量工程，其目的就是希望广大的体育教师要切实抓好体育教学的各个环节，在提升教师自身水平、能力的基础上，提高体育教学效果。在这个过程中，如果没有一个明确的标准，教师就会丧失教学的积极性与动力。同时，高校体育教学质量也是考核教师工作业绩的一个重要指标，所以对于教师来讲，体育教学评价是高校和教育行政领导进行教师聘用和晋升的主要依据，有助于在了解教师情况的基础上，安排教师进修。从学生角度来讲，体育教学评价能够区分学生的知识掌握情况、体质健康状况、运动能力发展程度，从而在给出体育学习成绩的同时，为学生的考核评定、课程选择提供依据。

（三）反馈和指导

高校体育教学评价的结果可以使体育教师和学生了解教学过程的效果，并按照结果进行有效指导。心理学研究表明，只有通过反馈信息来对自身的行为进行调节，才能达到预期的目标。高校体育教师如果能够及时获得教的方面评价的反馈信息，就可以及时地反思自己的教学准备与教学实施，发现在教学目标设置、教学方法、教学手段、教学策略、教学智慧、运动负荷、练习密度、教学组织与管理等方面的优点与存在的问题，为下一步的教学调整做准备，从而为改进教学提供依据。学生如果可以及时获得学的方面评价的反馈信息，就可以加深促进学生对自己体育学习状况的了解，明确自己在体育学习方面的优势与问题，为调整自身的学习目标、学习动机、学习策略、学习方法提供依据。

（四）评估与决策

科学的教学评价是教学工作决策的基础。高校体育课堂教学的质量不能凭空想象，只有对教学工作有全面和准确的了解，选择明确的、比较客观与科学的指标，对教师的教与学生的学两个方面做出一个比较全面的评估，如对教师的教案编写、教学目标的设定、教学手段与方法的使用、教学组织与管理策略等进行综合判断，才可以客观、公正地评估教师教的情况，教师教学工作的改进与改革才有据可依。对学生来讲，要对课堂学习与练习体育的积极性、态度、意志力表现、思维反应、情绪控制、学习效率、学习效果等进行综合判断，才可以对学生的学习情况做出客观公正的评估，教师对学习成绩评定及学生制订改进自己学习情况的决策才有据可依。

（五）榜样与竞争

众所周知，教学评价可以调动教师与学生的积极性。对于教师来讲，适时地、客观地评价体育教师的教学工作，可以挑选出一些优秀的教师，如通过各种教研活动、评课活动挑选出一批教坛新秀、教学能手等，这就形成了一个良性循环的榜样机制，促进体育教师的成长。同时，这一机制还可以使体育教师明确自身的教学薄弱环节和今后努力的方向，以便进一步地进行教学反思，提高自己的教学水平。对于学生来讲，教师对于学生的即时评价，尤其是良性的评价，可以树立学生榜样，起到榜样示范的作用。因此，教师经常表扬、反馈、评价、激励、测试学生的学习结果是十分重要的，可以极大地提高学生学习的积极性，增强学生的学习效果。

高校体育教学评价是对教师的教与学生的学给出的一个最终结果，这个结果虽然不要求排名次，但需要给出一个定量等级与定性建议。这样就会形成同行教师之间、同班学生之间等各个层面的横向比较，客观上能起到促进各类教学主体之间的竞争作用，有利于发挥师生的潜能与智慧，产生更好的教学效果。

四、高校体育教学评价的原则

（一）客观性原则

客观性原则是高校开展体育教学评价所必须坚守的基本原则。这是由体育教学的根本目的所决定的，即对教学活动做出客观的价值评判，若不遵循这一原则，“客观”也就名不符实，也难以为校内体育教学的发展指出正确方向。因而，这就要求高校相关部门及各体育教师必须始终坚持客观性的评价原则。为全面贯彻客观性原则，高校在进行体育教学评价时应做到以下要求：①制订客观的评价标准，防止评价者任意而为或感情用事；②运用客观的评价方法，以防因方法不适用而使评价结果失真；③保持客观的评价态度，以防评价时感情用事或带有偏见。

（二）全面性原则

全面性原则是高校体育教学评价时所需遵循的一大重要原则。这是由体育教学系统的性质特点所决定的，这一系统交错复杂，囊括了各种各样的因素，它们均能从各自的角度呈现出体育教学的水平。因而，这就对体育教学评价提出了全面性的要求，若不能从多个方位、多个层次、多个维度全面地评价体育教学实践，则极易产生厚此薄彼、以偏概全的不良评价现象。

此外，在具体评价时，切不可对所有因素一概而论，而应分清评价的重点、次重点，以此把握评价的速度和效果，确保最大限度地发挥评价效果；与此同时，还应将定量评价和定性评价有机结合，使其相互参照，从而对客体的实际效果进行全面准确的评价。

（三）方向性原则

通过综合分析哲学、教育学、心理学、评价学等关于教学评价体系的基础学科，可以知道，体育教学评价是按照体育教育的教育性质、教育目标进行的一项有目的的社会活动。因此，这就要求高校体育教学评价应具有方向性。

（四）科学性原则

科学性原则也是体育教学评价所需遵循的原则，这是因为唯有确保评价的科学性才能最大限度地发挥其积极效用。科学性主要包括两个方面：一方面，评价目标和标准的科学化；另一方面，评价方法和程序的科学化。

为深入贯彻科学性原则，高校在进行体育教学评价时可应尽力做到以下几点：①立足于推动教与学的和谐一致发展，并结合体育教学大纲、教学目标、教学实际情况等，以持续改进、完善评判的标准，使其更为科学；②引用时下较为高端、优质的评价工具和评价手段，使之与本校体育教学的实际更为贴合，同时，还应保证体育教学档案资料的真实性、准确性和完整性，并审慎对待其加工、统计工作；③无论是旧的还是新的评价工具，在运用时均不可掉以轻心，为此，可反复尝试不断调整，待符合相关标准后，再全面推广运用。

（五）可测性原则

可测性原则是指在设置体育教学评价指标体系时，所有的指标必须具备可测量的特性，即所设计的指标必须可以通过观测或用测量工具的测量来获得明确的测量结果。也可以说使抽象的目标具体化，使它具有直接的可测性。例如，在高校体育教学评价中，可以通过秒表测量学生的百米成绩，可以通过计数和数学来计算篮球的投篮命中率。

（六）指导性原则

指导性原则也是进行体育教学评价所不可或缺的一项原则。简而言之，就是要求评价必须与指导相结合，让被评价者能够从评价中有所得，明确未来的奋斗方向及奋斗方法。

为全面贯彻指导性原则，高校在展开体育教学评价时必须满足以下要求：①收集必要的评价资料作为指导的依据，以此强化指导的科学性，以防出现无效的指导或不切实际的指导，降低评价的可信度；②评价后，应将结果及时反馈给对应的被评价者，并确保指导的明确性和针对性，让其能够迅速做出正确的回应；③确保启发性，给被评价者留出一定的反思和改进的自由场域。

（七）可接受性原则

可接受性原则是指体育教学评价指标设计要依据客观实际，而不应该依据主观想法，每项指标的设计都应有依据。

具体而言，高校体育教学评价的可接受性原则包括五个方面：①高校体育教学评价指标体系设置必须有充分可靠的信息和资料来源；②高校体育教学评价指标体系设置必须从实际出发，依据学生的身心发展规律，这样才具备被评价对象的可接受性；③高校体育教学评价指标体系设置必须考虑评价的人力、财力、物力、时间及空间所允许的条件，因为高校体育教学评价的特殊性，在进行高校体育教学评价时还应该具体问题具体分析；④高校体育教学评价指标体系设置必须有鉴别力，即设置的指标要能够反映被评价结果的好坏；⑤高校体育教学评价指标体系设置必须追求“精”和“简”。

五、高校体育教学评价的形式

（一）诊断性评价

诊断性评价也被称为“教学性评价”，一般是指在某项教学活动开始之前要预测学生的知识、技能及情感等状况。通过这种预测可以了解学生的知识基础和准备状况，以判断他们是否具备实现当前教学目标所要求的条件，为实现因材施教提供依据。诊断性评价在高校体育教学中具有十分重要的意义，它既是了解学生的学习基础、身体运动条件的途径，又是制订教学目标、教学手段与方法、分析教学重难点、安排教学步骤、进行分层教学的重要依据，同时也是了解特殊学生，尤其是了解身体有严重痼疾、学习体育困难的学生的重要途径。

因此，在高校体育教学过程中应开展必要的诊断性评价，这样才能有的放矢、未雨绸缪，防止出现学生伤害事故，改革教学方法与手段，实现体育教学为人人的全面性目标。诊断性评价一般在课程、学期、学年开始的时候进行，尤其是分班、分组之前，要对新收学生进行诊断性评价，才能使教师了解每个学生对于体育学习的准备程度，从而合理地开展分层教学，实施区别对待的教学原则。

（二）形成性评价

形成性评价是指在教师教育教学过程之中，为使教师的专业水平继续提高、不断获取反馈信息，以便改进教学而进行的系统性评价。它是在教育教学活动中进行的，目的是找出教师工作中的不足，为教师教学的不断改进提供依据。

以上概念主要是针对教师的评价来讲的，对于学生的评价也应该如此。形成性评价是高校体育教学过程评价的重要手段，也就是说，学生在短时间内的学习结果并不能代表评价的全部，要结合教师教的过程、教的准备进行较为系统的评价，这样才可以做到客观公正。

因此，做好高校体育教学的形成性评价，既要确定教师与学生阶段性教学目标和内容，分析其包含的要点和各要点的层次关系，也要实施阶段性目标测试，还要进行平行性目标测试。其目的是形成系统的教学评价体系，确保各个阶段教学目标、内容与评价的衔接。

（三）总结性评价

高校体育教学的总结性评价，也被称作“后置评价”，通常是当体育教学活动结束一段时间以后，为了把握体育教学活动的最终结果而开展的评价。例如，在学年末或学期末的时候，体育教师会组织考评、考核，主要目的是检验学生的学习结果，看看其是否达到了体育教学目标的要求。在高校体育教学的总结性评价中强调体育教学过程中教与学的结果，进而全面地鉴定被评价者所取得的重大成果，对等级进行区分，对体育教学整个方案的有效性做出价值判断。

（四）终结性评价

终结性评价就是恰当地评价课堂教学的达成结果，指的是在教学活动结束后为判断其效果而进行的评价。一个单元、一个模块，或者一个学期的教学结束后对最终结果所进行的评价，都可以说是终结性评价。

终结性评价是以预先设定的教学目标为基准，对评价主体达成目标的程度做出一个最终的评价。对于教师来讲，它是对教师单元教学、学期教学、学年教学的总结性评价，这个评价对于综合考评教师的教学业绩是一个重要的参考指标；对于学生来讲，它是判定学生学习体育结果的重要信息，这个评价是确定学生学习体育成绩的一个重要方面。因此，不管是教师还是学生，终结性评价都是必需的，也是必要的。

（五）过程性评价

高校体育教学的过程性评价是指在体育教学开展的过程中，针对实现教学目标的手段与方案开展的评价。过程性评价的主要目的是对目标达成的手段与方法的使用情况进行关心与检查。例如，在完成某一个教学目标的过程中，使用游戏法与竞赛法哪一个效果更加明显；在某一个动作技能教学开展的过程中，究竟是使用完整法比较适合，还是使用分解法较好；对于某一种技能的学习，是由学生自己探索发现的，还是在同伴的谈论与协作下实现的。

因此，过程性评价的开展不是在体育教学的过程中，就是在体育教学设计的过程中。高校体育教学的过程性评价不仅可以促进形成性评价的继续修改，还可以促进体育教学过程中费用、时间与学生接受情况等方面所做的总结性评价的完成。

六、高校体育教学评价的结构

从整体上来讲，高校体育教学评价主要由四项基本要素构成，即评价的目的、评价的主体、评价的内容与评价的方法，这四项基本要素组成了体育教学评价的结构，具体阐述如下。

（一）评价的目的

评价的目的关注的主要是“为什么评”的问题。具体来说，高校体育教学评价的目的主要包括选拔目的、甄别目的、发展目的及激励目的四个方面。

1. 选拔目的

选拔目的主要是判断学生是否具有体育学习的潜力，为选拔优秀的体育人才所做出的评价。在这种目的下，高校体育教学评价具有明显的选择性特征，也就是说体育教学评价不是指向特定的教学目标，也不是面对所有学生的评价，而是基于特定的选拔标准与要求，为选拔优秀的体育人才进行的专门性评价。

2. 甄别目的

甄别目的主要是判断学生的体育学习情况，评定学生的体育成绩所做出的评价。在这种目的下，体育教学评价具有明显的评比性特征，评价者面对所有的学生，按照学生管理的要求与标准及学生体育学习的态度与效果，评定学生的学习成绩。

3. 发展目的

发展目的主要是发现和反馈学生在体育教学活动中出现的问题，帮助学生解决问题、促进学生不断进步做出的评价。在这种目的下，高校体育教学评价具有明显的教学性特征，评价者面向所有的学生，按照体育教学的具体要求和需要，以促进学生的发展与进步为目的，对体育教学活动进行评价。

4. 激励目的

激励目的主要是激励学生，使学生发现自己的进步，从而激发学生学习的热情所做出的评价。在这种目的下，高校体育教学评价具有明显的激励性特征。评价者以促使学生发现自己的学习潜力和提升自己学习的自信心和积极性为目的，对体育教学活动进行评价。

（二）评价的主体

评价的主体关注的主要是“谁来评”的问题。高校体育教学活动既是体育教师与学生组成的双边活动，也是需要高校领导、管理者、学生家长等积极参与以确保体育教学工作有序开展的多边活动。因此，高校体育教学评价的主体是多元的，主要包括体育教师、学生、高校领导、管理者、学生家长等，确保体育教学评价主体的多元性，可以在很大程度上助力体育教学评价工作的开展，保证体育教学评价的科学性、公正性和合理性。

（三）评价的内容

高校体育教学评价的内容主要包括教师对体育教学过程的评价、教师对学生学习的评价、学生对体育教学过程的评价、学生对体育学习过程的评价及其他评价，具体分析如下。

1. 教师对体育教学过程的评价

教师对体育教学过程进行评价是提高自身教学能力、提升体育教学质量的重要举措。通常来说，教师对体育教学过程的评价主要包括两种形式：一是体育教师的自我评价，二是体育教师之间的互评。

（1）体育教师的自我评价

体育教师的自我评价，即体育教师基于对自己在体育教学过程中所出现问题的反思、总结做出的评价。自我评价是体育教师自我理解、自我改进、自我超越的过程，对提高体育教师的教学能力具有十分重要的意义。

（2）体育教师之间的互评

体育教师之间的互评，即体育教师按照具体的评价内容、评价标准、评价要求等，针对体育教学中出现的问题与不足、优点与长处进行互相评价。体育教师之间的互评有助于体育教师客观地分析自己的课堂教学，听取其他体育教师的意见和建议，取长补短，不断提高自己的教学能力和教学质量。

2. 教师对学生学习的评价

教师对学生学习的评价也是体育教学评价的一个重要内容，主要包括两种评价形式：一是对学生学习过程的评价，二是对学生学习结果的评价。

（1）对学生学习过程的评价

体育教师对学生学习过程的评价主要包括：①学习态度；②投入程度；③体育知识与技能的掌握情况和运用情况；④合作精神。客观地评价学生的学习过程，有助于激发学生的学习动力、改进学生的学习方法、提高学生的学习效果。

（2）对学生学习结果的评价

体育教师对学生学习结果的评价主要是指体育教师对某一阶段学生学习活动最终成果的综合性评价。客观地评价学生的学习结果，可以帮助体育教师及时了解某一阶段学生的学习状况，灵活调整教学计划、教学安排等，最终助力学生体育学习效果的提高。

3. 学生对体育教学过程的评价

学生对体育教学过程的评价主要包括两个方面的内容：一方面是对课堂教学内容和教学方法的及时反馈，另一方面是学生评教活动。

（1）对课堂教学内容和教学方法的及时反馈

学生对课堂教学内容和教学方法的及时反馈是一种非正式的体育教学评价活动，体育教师通过接收学生的反馈，可以及时了解教学过程中存在的问题，更好地把握教学的重难点，在完善教学内容和教学方法的同时，帮助学生更好地掌握体育相关知识与技能。

（2）学生评教活动

学生评教活动，即评价者所组织的由学生来对体育教师的教学内容、教学能力、教学态度、教学效果等进行综合性评价的活动。学生评价活动的优点在于其有助于促进体育教学活动朝着民主化的方向发展，缺点是容易导致出现体育教师迁就学生的现象发生。

4. 学生对体育学习过程的评价

学生对体育学习过程的评价主要包括两种形式：一是学生的自我评价，二是学生之间的评价。该评价的优点是可以帮助学生全面了解自身的学习状况，同时有助于学生民主素养的形成与发展。需要注意的是，由于学生的发展还不够成熟，因此在具体的体育教学评价过程中，评价者既要重视学生的自我评价，同时又不能完全依赖学生的自我评价，应该将学生评价与其他评价方式进行有机结合，更好地为学生的进步与发展服务。

5. 其他评价

除了以上所述的几种体育教学评价内容，在具体的体育教学评价过程中还存在其他的评价内容，如专家评价、家长评价、社会评价等，这些评价作为辅助性评价，对体育教学活动的开展同样有着重要的意义。因此，在高校体育教学评价过程中，评价者要重视其他评价。

（四）评价的方法

高校体育教学评价的方法各式各样，此处主要阐述一些较常见且运用较为频繁的方法。需要注意的是，这些方法各有特点，而且并非普适性的，因此在运用时应当综合考量各种因素，以便于充分利用其优势，尽量克服其缺陷，确保评价的效果。在实际运用中，也可将多种方法结合起来完成评价任务。

1. 观察法

观察法，即评价者根据相应的目标和计划对体育教学活动中的评价对象进行教育观察，从中获取诸多与之相关的信息数据，并以此为依据对其进行对应性的评价。观察法的最大优势是能够得到许多极具价值的真实数据信息，如教师的教学水平、教学态度、言行举止，以及学生的学习态度、学习方式、心理状态等，以便于对其进行全面、客观的评价。不难看出，观察法的直观性是其他方法所难以媲美的，也正是因此使其得到诸多评价者的青睐。

2. 问卷法

在高校体育教学评价中，比较常用的便是问卷法。这一评价法是指体育教学评价的主评人员利用书面形式向被调查者提出预先设计好的问题，要求被调查者回答问卷中的各项问题，最终获得评价信息的手段。问卷法主要是通过书面形式获取信息和资料，评价者在制订问卷时一定要本着客观实际的原则进行，制订的问卷一定要具有可操作性，这样便于顺利进行体育教学评价活动。

如今，问卷法得到了广泛的利用，其主要有以下三个方面的特征。

第一，评价人员的隐蔽性。问卷法可以很好地对评价人员的信息进行隐藏，从而可以确保调查信息的真实性和客观性。

第二，问卷取样的广泛性。问卷法可以有效提高获取信息的效率，同时还有取样广泛的特点，所以得到的数据就更加具有代表性。

第三，问卷法还具有时间范围可调节性的重要特点。问卷法便于评价者进行实时调整，有利于评价活动的顺利开展。

3. 测验法

测验法是相对来说较为古老的评价方法，它通过组织各式各样统一的考试来考察教师和学生的具体教学情况。长久以来，测验法一直是国内各大高校进行学生评价的首选方法，它的重要性是不言而喻的。这一方法的主要特点是有严密的组织性和较强的目的性，可以及时、准确地定位学生的学习盲区及重点、难点。

测验法在体育教学评价中的应用主要体现在以下几个方面。

（1）体育理论知识的测验

在体育学科中包含着诸多课程内容，其中，较为主要的有体育文化知识、运动技术原理、体育技术、竞赛规则、生理卫生保健知识等。在测验学生的体育理论知识时，需把握重点，具体来说，就是全面、系统、综合性地检查和评定学生所学的基础知识和灵活运用这些基础知识的能力。通常，可借助笔试、试卷或口试等测验方式完成。

（2）身体素质测验

身体素质是指人体在活动中所表现出来的机能特点，包括力量、速度、耐力、柔韧和灵敏等。因此，通过对以上五大主要身体机能的测验，能够全面掌握学生的素质水平，从而较好地推断体育教学有无成果及成果如何。此外，借助测验中的各项不同指标，也能够发现学生在体育学习中的缺陷，以便于教师调整教学方案，优化教学流程。

（3）运动技术测验

在高校体育教学中，包含着丰富多彩的运动项目，不同的运动项目各有其特点，技术要领也不尽相同。因而，学生势必要逐步将其攻克，并将各项技能技术综合运用于日常的体育活动中，以此直观地呈现出自身机体素质和技能水平的前后变化。以技术动作规格为主要依据，对学生所学习的技术动作的情况进行客观的测评，这就是运动技术的测验。对运动技术的测验通常可以分为两种：一种是多以测量中获取的客观数据为准的客观测验（达标测验），另一种则是对技术动作质量的技术评定。

（4）体育情感行为测验

人的情感行为外延十分广泛，其中较为重要的当属爱好、态度、情趣、动机、价值观，以及个性和群体行为特征等。这些情感行为对于体育教学有着较为明显的影响，具体而言，体现在能否提高学生的参与积极性、主动性，以及能否激发他们持续长期创造性学习的热情。通过学习各种各样的体育知识与体育技能又能够反作用于学生的情感行为，使之产生一系列积极变化。在实际测验时，一般可借助量表来完成。

七、高校体育教学评价创新的意义

高校体育教学评价创新具有十分重要的意义，具体包含以下几个方面的内容。

（一）改变单一评价模式

部分体育教师可能会遇到这种情况，即在高校体育教学过程中，课堂或体育活动都是综合性的，一些学生没有表现出积极行为，但按照体育考试中的体育锻炼标准，因为其具备良好的先天身体素质，可以获得优异的成绩。这样一来，这些即使不够努力也能取得好成绩的现象对于积极参与但身体素质较差的学生而言是一个严重的打击。因此，不应用单一评价模式对学生进行评价，应依据体育课程评价改革的精神，充分利用新颁布的《国家学生体质健康标准》。它不仅可以作为学生体能测试的标准，还可以作为学生进步的参考。以学生刚入学时为例，组织学生进行一次基线测试，在学生个人档案中记录测试的结果，并且确保每学年进行一次测试，比较测试结果，以此来反映学生的体质改善情况，这也将作为评价学生进步的内容。

（二）促进多方位评价

改变以往的、传统的教师为唯一评价执行者的评价体系，对学生进行全面的、多方位的评价。作为体育教学活动的主导者，体育教师需要了解学生的身体素质基础、运动能力状况，并按照学生的学习情况和锻炼成绩进行多种的、有针对性的评价活动，充分调动学生的积极性，尽快推进体育教学目标的完成。随着“水平目标”的逐步确立，体育教师的体育教学任务在各个阶段都会发生变化。因此，要保证体育教学方式和体育教学方法的应用，体育教学内容的选择也应该朝着多元化发展。在新时期体育教学过程中，可以从运动参与、运动技能、心理健康、身体素质、社会适应五个方面来设计评价内容。

（三）提高学生学习积极性

采用过程评价与结果评价相结合的方法，提高学生的学习积极性。传统的体育教学评价，主要是评价学生的学习结果，但是不注重评价学生的整个学习过程。因此，导致评价的有效反馈功能逐渐丧失，评价不能鼓励学生学习、不能提高体育教学效果、不能改进体育教学。

当下，不仅要调整体育教学评价的内容，还要在平时的评价中直接评价学生的实践学习过程。

过程性评价的存在，一方面可以保证大部分学生认真、积极地对待整个体育学习过程；另一方面可以有效提升部分学生的身体素质、改善消极学习的情况。此外，还可以有效地激励那些非常努力但先天身体素质较差的学生。

第二节　高校体育教学评价存在的问题

一、高校体育教学评价不够合理

近年来，我国在体育教育事业上加大了投入，高校体育得到了很好的重视，但在整个教与学的过程与效果关注度上仍存在一定的不足，对学生的身心健康与社会性发展缺少足够全面和系统的评价。

（一）教学评价方法方面

每个学生都是独特的个体，具有不同的背景、能力、兴趣等方面的差异，多样性和灵活性不足的高校体育教学评价往往会使得评价结果不够准确和公正。教学评价不仅仅是为了评估学生的学习情况，更重要的是为了帮助学生发现问题、提高能力。虽然当前的高校体育教学评价中包含了有效的反馈和指导机制，但在充分发挥评价的反馈和激励作用方面仍有提升空间。

（二）教学评价主体方面

科学全面的教学评价要求针对学生的体育知识、技能、态度、素质发展等方面的评价应全面、多样、客观，操作性强，从体育教学评价体系的构成要素各方面入手，坚持科学评价，将切实促进学生的体能、技能、心理和社会性发展落到实处。

二、高校体育教学评价体系较单一

（一）高校体育教学评价内容较单一

我国传统的体育教学评价在内容选择上受“学科中心”和“竞技运动”观念的影响，评价内容较为单一，难以体现体育教学评价目标达成的整体性要求。传统的体育教学评价的主要内容局限于身体素质、体能和运动技能，对学生的学习态度、情意表现和合作精神等心理内隐因素，以及社会性发展方面的评价关注不够，而这些因素对学生终身体育意识和运动习惯的养成能够产生深刻的影响。

（二）高校体育教学评价方法较单一

在体育教学评价方面，我国的理论研究起步较晚，时间也相对较短。这使得在实践活动中，指导和规范仍须完善。

传统的体育教学评价方法主要侧重于终结性评价、定量评价和绝对性评价。这些评价方法虽然在教学评价中发挥了重要作用，但忽视了学生的个体差异，过于关注结果。因此，在教学评价时可增加形成性评价等多种方式，从而更全面地评价每一个体。

（三）高校体育教学评价标准较单一

传统的高校体育教学评价标准对于学生增强体质、养成良好的体育锻炼习惯和推动高校体育工作开展确实有重要作用。然而，随着时代的进步与思想观念的更新，我们也需要关注评价标准在实践应用中可能存在的偏差。

首先，传统评价标准可能存在过于注重结果而忽视学习过程的问题。体育学习并不仅仅是关注学生的体质和技能水平，更重要的是培养他们的兴趣和意识，使他们能够持续地参与体育锻炼和体育活动。因此，在评价体育学习时，还应该关注学生的主动参与程度、体育素养的增强及对身体健康的认识等方面。

其次，传统评价标准可能忽视了学生个性化差异和学习的多样化表现方式。每个学生具有不同的体质和兴趣，他们在体育学习中可能有不同的表现方式，因此评价标准需要具有一定的灵活性，能够包容学生的个性特点和多种表现形式。

（四）高校体育教学评价主体较单一

传统的高校体育教学评价主体较为单一，通常只有教师对学生进行评价，而学生较少参与评价。然而，体育学习是一个复杂的动态过程，不仅涉及学习的外在表现，还包括学生心理层面的变化。因此，为了获得全面、客观和科学的评价，应该将来自教师的评价与学生自评、同伴评价及家长评价等多方面的互动评价结合起来。

单一的评价主体可能会影响学生的自我认知、自我调控、自我完善、自我修正等多方面能力的发展。因此，应该鼓励多元化的评价主体，以便为学生提供更全面、更客观的反馈，从而帮助他们更好地发展自己。

（五）高校体育教学评价工具较单一

单一的教学评价工具可能无法全面和真实地反映学生在整个学习过程中的实

际情况。在这种情况下，学生发展的进步状况可能会被忽视，导致评价结果失去真实性和科学性。这不仅可能会影响反馈信息的质量，限制教学改进的可能性，还可能会打击学生体育学习的积极性。

教学评价工具的选择是实现教学目标的重要环节。教学评价工具的选择应该与教学目标紧密相连，这是因为教学评价是衡量教学目标实现程度的重要手段，而评价工具的选择直接影响了评价结果的有效性和可靠性。因此，为了确保教学目标的实现，必须谨慎地选择适当的教学评价工具。

传统体育教学评价工具主要包括简单的纸笔和体育测试器材（如秒表、皮尺等）。这些工具在某些方面可能存在局限性，如无法全面、客观地评价学生的体育技能、体能及学习态度等。此外，这些工具的可靠性也可能受到使用者技能和经验的影响。

现代信息评价工具由于其技术优势和大数据处理能力，可以提供更全面、更准确的评价。例如，通过使用视频分析技术，可以更精确地评估学生的运动技巧；通过云计算和大数据处理，可以更有效地分析学生的学习进步和趋势。然而，由于技术壁垒和资金限制，这些现代信息评价工具在实际应用中也存在不足。

为了克服传统体育教学评价工具和现代信息评价工具的局限性，有必要发展与教学目标相适应的评价工具。这可能需要教育工作者、科研人员和技术开发人员的共同努力，以推动评价工具的不断创新和改进。

三、高校体育教学评价结果科学性不足

个别高校为了追求体育教学评价结果，忽略评价过程和方法的科学性，导致评价结果不准确、不公正。

（一）忽略学生的学习过程

如果高校只关注学生的体育成绩，而忽略学生在学习过程中的表现和进步，就很难全面了解学生的学习情况，无法对他们提供个性化的指导。此外，也无法更有效地发挥评价的指导作用，难以帮助学生了解自己的不足和进步空间。

（二）缺乏科学的评价方法

如果高校没有采用科学合理的评价方法，就难以准确地评估学生的学习情况。这可能会导致评价结果的不准确和不公正。

（三）缺乏有效的反馈机制

如果高校只是简单地将评价结果公布给学生，而没有给予他们有效的反馈和建议，就很难帮助学生了解自己的不足和改进之处，学生也就无法有针对性地进行训练和提高。

四、高校体育教学评价未能关注学生整体能力

部分体育教师在教学实践中会将教学目标的实现程度等同于运动技能目标的完成程度，这可能会导致他们在教学中过于关注运动技能的教授，而相对忽视学生其他方面素质能力的发展。

要认识到，高校体育教学是围绕学生开展的，学生在高校体育课堂中是客观存在的鲜活主体，高校体育课堂需要成为能够使学生的创新思想得到尽情舒展的成长空间，切忌用固定模式、僵化标准束缚学生。

第三节　高校体育教学评价的改革策略

一、建立科学的体育教学评价指标

体育教学评价是对体育教学目标完成程度的考核，因此体育教学评价也必须相应地具备体育教学目标的特征，即简明、科学、利于操作。虽然近年来体育教学评价指标的制定与完善受到了有关人员的重视，但仍然存在大量具有缺陷与不足的评价指标。因此，体育教学评价的规范与落实首先要解决的问题就是建立科学的体育教学评价指标。建立科学的体育教学评价指标重点要从两方面进行：一方面，要从理论层面加强对体育教学评价体系的深入研究；另一方面，要从实践层面对体育教学评价进行科学的改革。在建立科学的体育教学评价指标的过程中，不仅要以我国国情为基础，还要对国外体育教学评价的成功经验进行合理的借鉴，从而使我国体育教学评价指标体系既具有东方特色，又呈现出国际风采。

下面具体分析建立科学的体育教学评价指标的主要步骤。

（一）初步拟定指标

初步拟定高校体育教学评价指标时，要以体育教学评价目标为基本依据，而且研究人员要根据自身对体育教学的理解和自身的实践教学经验来开展具体的拟

定工作。具体拟定方法是：首先分析相关因素，对评价指标进行逐级分解（具体以评价内容的内在逻辑结构为依据进行分解）；其次按照逐级分解后的因素来拟定指标（高层—低层是评价指标的分解顺序，因素的级别越低就越具体），直到被分解的因素可以被观测后停止分解程序。这样从抽象到具体逐级排列的指标体系就形成了。

（二）筛选拟定指标

为了保证评价指标的简约性与科学性，要对初步拟定的指标进行合理筛选，具体可采用经验法来进行筛选。

经验法就是以个人或集体的经验为依据，对评价指标进行归类与合并，从而对评价指标进行进一步明确的方法。个人经验法与集体经验法是经验法的两种常见类型。

1. 个人经验法

个体以自己的经验为主要依据，运用思维的方式（如比较、排列、组合）对初步拟定的指标进行加工和决定评价指标去留的方法就是个人经验法。个人经验法操作简便，但容易受到个人主观经验的影响，造成评价指标被筛选后存在片面性的缺陷，这也是个人经验法的不足之处。

2. 集体经验法

运用问卷调查的方式进行统计的方法就是集体经验法。个人经验法的片面性与局限性在集体经验法中能够得到克服，因而集体经验法与个人经验法相比具有较强的科学性。因此，在对拟定指标进行筛选时采用集体经验法更有说服性。

（三）权衡指标分量

确定体育教学评价指标后，要对其在体育教学评价体系中的重要性进行科学的衡量，这样才能确立评价指标的地位，清楚评价指标的重要性。评价指标重要性的权衡方法主要有以下两种。

1. 依靠集体力量的权衡

在集体力量的权衡中，集体主要包括高校体育研究人员、教育部门的相关工作人员、高校体育部门领导和体育教师等。通过对这些人员的经验与力量的依靠，可以对评价指标在评价内容中的地位和重要性有所了解，从而为权衡评价指标提供科学的依据。这种权衡方法比较全面、科学，但也有一定的缺陷，即集体中的成员因意见不统一而对权衡结果的统一性造成影响。

2. 两两比较的权衡

两两比较的权衡是指对评价指标进行分组，一组包含两个指标，有关工作人员对同一组两个指标的某一特征进行对比和评判，并运用矩阵形式对比较与判断的结果进行表示，从分析结果中明确指标的优先顺序，从而直观地认识到评价指标的重要性。

（四）确定评价标准

体育教学评价标准的设计主要包括标度的设计与标号的设计。

1. 标度的设计

表示标度的方法主要是定量与定性。通常用具有描述性的语言，如熟悉和不熟悉、了解和不了解等来对定性标度进行表示。

2. 标号的设计

标号是对标度加以区别的符号。确定标度后，要用一些区别性的符号，如优秀、良好、中等、合格、不合格等来对标号进行表示。

二、运用信息化教学评价

伴随着时代的迅猛发展，信息化技术的应用范围也逐步扩大。通过利用信息化技术，取得了明显的教学成效，为此我们可以将教学评价建立在“互联网 +”的基础上，对学生实施评价。在实施评价的过程中，要关注学生的个体差异性，设置各种类型的信息化评价形式。在信息化教学评价中，为了确保评价活动的顺利进行，体育教师事先要充分调查和分析学生的具体实际情况，充分了解学生的运动基础、学习兴趣和学习能力等，然后以这些为基本的依据，制订一个客观的、多元化、差异化的评价标准，这一评价标准可以客观地反映出学生的综合能力和发展潜力。此外，还可以按照学生的体育基础运用各种信息化教学手段激发学生学习的兴趣，促使学生以积极饱满的热情投入学习之中。

三、进一步认识体育教学评价

在整个高校体育教学过程中，教师和学生在体育教学评价方面的认识还存在着一定的不足，因此要想方设法地增强他们的体育教学评价意识，首先要做的就是使他们了解体育教学评价的真正作用和价值。这一点要从高校的角度来实施，高校要起到发挥教学评价的积极作用，充分激发体育教师的行动动机和热情，明确体育教学评价的目的，即促进体育教学发展、改进教学体制。从某种意义上来说，这是唤起教师的责任感和使命感的一个重要途径。

四、重视学生学习过程的评价

高校体育教学评价要重视对学生在学习过程中的表现的评价，所涉及的内容主要有：学生在锻炼过程中表现出来的情感、学生在克服困难时表现出来的毅力、学生参与体育课的兴趣和积极思维水平、学生课后自觉锻炼的态度情感。

五、完善体育教学评价体系

（一）保持评价主体的多维性

随着高校体育教学制度的改革，体育教学评价的主体也发生了较大改变，从之前的教师与学生，逐渐发展为目前的多元化结构，即教师、学生、家长、高校和社会团体等，这也改变了传统体育教学评价主体的单一化现象，避免了体育教学评价的局限性和不全面性。因此，我们在进行体育教学评价时，必须保持评价主体的多维性，这是保证评价结果全面性和准确性的必要条件。

（二）注重评价客体的多维性

高校在进行体育教学评价时，个体的差异性使得被评价的对象之间存在一定差异，这就很难通过统一的评价标准来进行衡量。在过去，并没有对此情况给予足够重视，而长期发展下去必然会对学生的体育学习造成不良后果。因此，高校在进行体育教学评价时，一定要注意评价客体的多维性。在进行体育教学评价前，应对评价对象的具体情况进行分析，并以此为依据进行分组评定，从而实现体育教学评价的公平性，也使每一个参加体育教学评价的个体获得成就感，提高其参加体育学习的积极性。

六、营造良好的体育教学环境

随着时代的发展，人们越来越关注健康问题，再加上国家对体育教学的重视及正确引导，体育学科的地位逐渐上升，其功能也日渐凸显。体育学科拥有丰富多样的课程资源，通过不同的运动项目也能够较好地开发学生的综合能力和素质。因此，高校在进行体育教学评价时，应重视考察体育教学的环境，为体育教学环境的开发提供一定的数据基础及创设性建议，为教师和学生创造优质的活动场所，引进先进的教学设备，让体育教学活动更为丰富和有趣，吸引学生广泛参与其中，逐步拉近师生与生生间的关系，在各项运动中锻炼学生的身心素质，提升其社会适应性。

七、评价学生的标准由单一向综合转变

学生在个体上的诸多差异，对体育教学的开展及成效有着较大影响。例如，有些学生领悟力强、身体素质较好，他们无须参与过多的体育训练就可快速掌握相关知识和技术要领，并在考核时取得优异成绩；有些学生学习能力较差、机体也不太协调，他们常常花费大量的心血投入体育学习与训练中，但往往得不到理想的成绩，也极易产生自卑心理。

由此可知，高校在进行体育教学评价时，应逐步丰富评价标准，将学生在体育活动中的态度、情绪、人际关系、行为习惯、健身意识等课堂综合表现一一纳入评价标准中，以此推动体育教学评价的全面性、准确性，让每一个学生都能够得到平等的、最适合自身发展的运动机会。

八、利用信息化教学评价手段及时反馈

为了获得理想的体育教学评价结果，教师必须采用合理的评价手段和标准，如此才能确保评价结果的准确客观。通过必要的反馈信息，高校体育教师可以发现教学中存在的各种问题，从而采用各种信息化教学评价手段指导学生积极地参与体育教学活动。通过信息化教学评价手段，将记录的各种信息呈现给学生，可以引导学生积极主动地去学习和反思，及时纠正自身存在的不足，增强学习体育的自信心。

此外，体育教师在还可以利用“互联网 + 体育”的评价手段，实时跟踪监测学生的学习情况，客观地评价学生的体育学习及应用能力。与其他教学评价手段相比，信息化教学评价手段所具有的优势是无可比拟的。

第四节　高校体育教学评价的发展趋势

近年来，为全面加强和改进新时代高校体育工作，党和政府及相关部门做出了诸多努力，为高校体育教学的发展指明了方向。与此同时，也推动了高校体育教学评价的持续发展，具体而言，其发展趋势呈现出以下特点。

一、评价主体趋于多元化

评价主体多元化指的是要改变过去体育教学评价主体的单一性，让教师、学生、家长共同参与体育教学评价。不同的评价主体有不同的评价方案，评价方式也会多种多样。通过综合各种评价方式，有助于从多方面来评判和了解体育各方

面的教学情况，了解学生在课堂上的学习情况和教师的教学效果。评价主体的多元化，有助于保证体育教学评价的全面性和准确性，有助于充分发挥教学评价的鉴定和诊断功能，促使教师不断改进教学方法，提高教学效率。

在高校体育教学中，教学评价主体的多元化可以从以下几个方面着手。

（一）自我评价

学生自我评价是学生自我能力发展的重要组成部分。在教学评价中，可以采取表格式的自我评价，让学生自己对本节课知识点掌握的情况做出评价。这样有助于教师及时了解学生的学习情况，及时调整教学内容和方式，提高教学质量。

（二）学生互评

学生互评也被称为“合作评价”，是指学生以小组的形式，对体育的原理、设计、操作等方面互相进行评价，以此找出学生在体育学习中存在的不足。通过学生互评，学生能看到各自的差异，并且小组成员之间还可以相互监督、相互学习，共同进步。

（三）家长评价

作为学生的第一监护人，家长有权及时了解其学习情况。通过了解体育教学活动的各个环节，家长可以以表格、书面语言或口头语言对这一教学活动进行评价，并对自己的孩子做出合理的评价。家长与高校共同对学生进行科学监督，有助于促进学生的健康成长。

（四）高校领导评价

作为高校的管理者，高校领导有权了解体育的教学情况。高校领导可以深入体育教学活动中，观察教学情况，以书面或口头的方式对教学做出合理的评价，促进教师与学生的共同进步。

二、评价内容趋于多样化

高校体育教学中涉及各种各样的活动，并且它们大多是围绕着体育教学目标而展开的。体育教学评价作为一项体育教学活动自然也不例外，其评价的内容和形式均受到相关教学目标的重要影响。当体育教学目标确立之后，意味着体育教学评价内容的大致范畴也同时确定。各大高校实际情况不尽相同，发展路线也各有侧重点，因而往往有着不同的体育教学目标，随着体育教学目标的丰富也相应地扩展了体育教学评价的内容，使其日趋多样化。

具体而言，新时代高校体育教学评价已不再是单纯的体质测验或运动水平的评定，它既涵盖了新课程标准中所要求的相关内容，也将学生的心理状态、情绪表现等纳入了评价范围。

三、评价理念趋于动态化

高校体育教学的发展必须将着眼点放在未来社会和基础教育，培养具有科学的价值观、全新的知识结构和思维方式，具有创新精神和实践能力的新型体育人才上面。在实施健康教育的过程中，科学的体育教学评价可以使体育教学改革与发展的实现得到有力保证，同时也可以达到提高教学质量的目的。

当前，发展性评价是与现代社会发展相适应的教学评价方式，即淡化评价的甄别选拔作用，建立评价内容多元、评价方式多样，着眼于学生的发展和教师素质的提高，并有效地改进教学实践的评价体系。发展性评价是十分重要的，其主要是为了全面考查学生的学习状况，激励学生的学习热情，促进学生的全面发展，同时也促进教师反思和教学改进。其所产生的影响主要从改变旧课程实施的评价观念、方法和手段方面得到体现。除此之外，还需要强调的一点是，发展性评价强调评价必须以人为本，促进个性的协调发展；评价必须关注个体的处境与需要，必须促进个体体会的实现，必须将人的主体精神有效激发出来。

四、评价方式趋于多维性

在信息化教学背景下，高校体育教学评价的方式也呈现出综合性发展的趋势，以往单一的评价方式已不再适应当今信息化教学的要求，改革旧有的评价方式、完善评价手段势在必行。

（一）定量评价与定性评价相结合

定量评价是高校体育教学评价中较为常用的手段，通过利用这一评价手段，通常能取得不错的效果，主要表现为能够有效增强评价的科学性，使过去单一的定性评价得到有效的改变。但需要注意的是，体育教育过程较为复杂，存在着很多的影响因素，有些影响因素无法运用定量评价的方式进行评价，因此还需要结合定性评价的方式进行。例如，学生在教学过程中的学习态度、学习行为等心理因素就无法运用定量评价的方式进行评价，需要体育教师结合定性评价来判断。在信息化教学背景下，运用定量评价与定性评价相结合的方式非常重要，需要引起重视。

（二）教师评价与学生评价相结合

一方面，教师长期工作在教学第一线，对教学活动的情况较为了解，对学生的进步情况也较为清楚，所以体育教学评价离不开教师评价。教师评价具有全面性、客观性和权威性。教师客观、准确、适度的评价可唤起学生对体育学习的积极性，激发其学习兴趣，可使学生清楚地看到自己的不足。然而，由于教师自身素质能力不同，以及内外环境的干扰，容易降低评价的客观性。

另一方面，学生是教学目标的实践者，只有亲身体验才能正确地评价它，特别是那些无法定量描述的内容（如情感、意志、态度、兴趣等）。学生评价包括学生自我评价和学生相互评价。学生自我评价是培养学生自我认识和自我教育的重要途径，学生通过自我评价开发自身的潜能、提高自身素质，能增强其评价能力，有助于克服面对评价结果时的心理障碍。学生相互评价不仅能培养学生的交际能力，还能在互评过程中增加其对技术动作的注意力，加深对体育知识的理解。

为使教师评价与学生评价有效地结合，教师要加强业务学习，深入了解学生，分析不同学生的心理特点和个性特征，提高评价的应变能力。为使学生更好地实现自我评价，要求学生端正评价态度，结合教师的教学目标制订自己的学习目标，以此作为自我评价目标，这样才能增强评价的客观性和有效性。

（三）反思性评价与鼓励性评价相结合

在学生进行主体性评价的过程中，教师要引导学生主动开展反观、反思与反省活动。具体而言，可以通过回顾体育知识，利用对作业、练习与检测的剖析等方法，自主找到体育学习中存在的问题与差距。对体育知识的回顾是指教师教授完一节课后，学生脱离课本，在头脑中回顾本课的教学目标、重难点知识、体育学习方法及需要树立的体育观念。在回顾时反思自己是否已经对本课所学的知识有所掌握，存在哪些问题。找出问题后，通过自己思考或向教师寻求帮助，解决问题，深化对体育知识的理解。

同时，教师在进行教学评价时，要善于鼓励学生，培养学生学习体育的自信心和兴趣。教师要善于发现学生在体育学习中的优异表现，鼓励他们的点滴进步，让他们看到自己的内在潜力与发展方向。对于成绩一般，但进步很快的学生，教师不能吝惜表扬。此外，教师还可以通过组织学习成果报告会，将优秀学习成果向全体学生进行分享，使学生产生愉悦感与成就感，不断激励自己攀登新的学习高峰。

（四）形成性评价、诊断性评价和终结性评价的综合运用

形成性评价、诊断性评价、终结性评价各有优势和特点，同时也存在自身的缺陷。没有一种评价方法是万能的，所以在进行教学评价的过程中，必须将这三种体育教学评价方式结合起来进行，如此才能取得理想的评价结果。

（五）自我评价与教师评价的结合

传统教学理念比较重视教师评价，在一定程度上忽视了学生的自我评价。

然而，在高校体育教学评价过程中，仅仅依靠教师评价是不可能完成教学评价这一重要工作的。因为教师往往会存在着评价的心理压力及主观因素，这会导致其在评价时缺乏客观性和准确性，从而过高地评价自己的教学工作。

高校体育教学大部分是实践活动，亲身体验可以说是体育教学的一个十分重要的特征。在高校体育教学中，学生动作质量的好坏可以用定量评价的手段进行评价，但是学习态度、锻炼意志、学习兴趣等无法用定量评价的手段进行评价，这就需要结合定性评价，如自我评价的手段来实现。在高校体育教学中，学生按照教学目标，随时对自己进行评价，可以使自己始终朝着教学目标指引的方向进行学习，能够有效激发学生学习的积极性、提升学生学习的效果。

此外，学生还要确立自我评价的目标，制订有利于自身学习情况的评价标准。这一评价标准要符合素质教育的要求，符合信息化发展的要求。这对于学生培养正确的自我评价能力是非常重要的，有利于学生及高校体育教学的共同发展。

第六章　高校体育教学与信息技术的融合发展

随着信息技术的飞速发展，体育教学与信息技术的融合发展已成为高校体育教学改革的重要方向，对于提高教学质量、培养学生综合素质具有重要意义。信息技术的应用不仅能够为高校体育教学提供更多的教学资源和技术手段，还能够创新教学模式、提升教学效果。本章围绕高校体育教学与信息技术融合发展内涵、高校体育教学与信息技术融合发展模式及高校体育教学与信息技术融合发展策略三个部分展开论述，旨在探索如何更好地利用信息技术推动高校体育教育的发展，进而促进学生全面发展和健康成长。

第一节　高校体育教学与信息技术融合发展的内涵

信息技术的迅猛发展为教育改革提供了新的可能与强大的动力，有效推动了教育事业的现代化发展。高校体育教学与信息技术的融合发展不仅丰富了高校体育教学的内容，还提高了其水平和质量，具体表现为，促进体育教学方法的改革创新、推动学生学习方式的优化、提高学生学习兴趣和课堂教学效率及培养学生审美情感和信息素养等，对于促进学生全面发展具有重要意义。

一、高校体育教学与信息技术融合发展的含义

体育教学与信息技术融合发展就是将信息技术运用到体育课程教学过程和学生的体育学习活动中，以便更好地完成体育教学任务，实现体育教学目标的综合过程。在高校体育教学中，我们将先进的信息技术、有效的信息方法、丰富的信息资源有机地融入教学过程，紧密结合信息化手段与体育教学内容，以提高完成教学任务的效率，并缩短实现教学目标的时间。体育教学与信息技术融合发展

并不是将信息化手段被动纳入教学中，而是要让信息技术主动适应体育教学的变革，从而更好地为提高体育教学质量服务。

因此，高校应将信息技术适当融入体育教学的各个环节，并贯穿于多个方面。在教学过程中，只要使用信息化手段能够提高教学效果，就要科学合理地运用信息技术。同时，应培养学生善于利用信息技术来提升学习效率和水平的能力。

一般情况下，我们习惯上对“信息技术”这一概念有两个方面的基本理解。暂且先不说它的具体指向，单是从字面意义上我们也能够大体知道，信息与技术是两个完全不同的概念，肯定包含至少两个层面的含义。

具体来说，所谓信息技术，一是指包括多媒体、计算机、网络为代表的传递信息的技术手段的总称；二是对信息的获取、理解、分析、加工、处理、传递等有关技术的总称。把信息技术理解为一系列技术这种提法最早出现于 1982 年，通常是指用来访问、组织、分析、评价和呈现信息的一系列方法、程序和设备等。信息技术的范围十分广泛，很难给出一个确切的、公认的边界。从大体上来看，我们能够发现，在我们生活中所接触到的，只要是和信息技术处理这一方面相关的，我们都可将其列入信息技术的范围内。当然，在我们现代生活中出现最多的计算机在信息技术中占有非常重要的地位。借助于信息技术，人们可以更多、更快、更准确地接受、析出、反馈各种信息。借助信息技术传输信息，使得科学技术、政治、经济、教育等多个领域发展的节奏大大加快。

现实生活中，我们在很多领域经常用到“整合”这个概念。整合，就是更好地发挥要素的功能，实现优势互补，达到“$1+1>2$”的目的。在实际教学中，信息技术不仅可以使教师在实际教学中的教学工具得以丰富，还可以为学生进一步认识事物提供一个很好的平台。信息技术的出现，改变了传统教和学的观念及相应的学习目标、方法和评价手段，培养了学生的创新精神和实践能力。

信息技术与课程整合从本质上可以理解为是一类学习模式或一类教学模式。与其他教学模式的主要区别在于，将信息技术与我们日常所接触的教学融合在一起，在这个融合后的教学中，核心是数字化学习，其教学理念是信息技术与课程的整合。通过这样一种方式，我们即可将实际课堂氛围活跃起来，使学生更加乐意去学习，从而提高学习效率。作为认知工具、情感激励工具、教学环境的创设工具，将信息技术融合进行教学过程，核心是数字化学习；信息技术与课程整合也是一种理念，强调建立新型的基于信息技术的教学模式和学习模式，强调让学生使用信息技术进行自主学习、探究学习和协作学习。

体育教学与信息技术的融合发展对体育教学系统中各个组成要素所产生的

影响将是变革性的。信息技术在体育教学改革中扮演着重要角色，尽管它本身并不会引起教学的彻底变革。然而，信息技术无疑是驱动教学革新的重要动力和必备条件。因此，从本质上而言，体育教学与信息技术融合发展就是在科学理论和先进理念的指导下，通过建立在信息技术基础上的体育课程研制，对信息化的体育课程文化加以创造的革新过程。尽管许多高校已经在体育教学中应用了信息技术，但普遍存在着信息技术和体育课程之间的对立和割裂问题。

为了改变这种状况，我们提出了体育教学与信息技术的融合发展，旨在加强二者之间的双向整合和密切互动，并创造一种师生合作型教学组织方式。这样做可以真正践行“以人为本”的教学理念，构建整合型信息化教学新形态和师生双向互动教学模式，提高体育教学的效率，并加强对学生实践能力和创新素养的培养。下面我们从三个方面来理解体育教学与信息技术的融合。

（一）体育教学与信息技术的融合发展将改变教学结构

体育教学与信息技术的融合发展要求以科学的教育理论和先进的教育思想为指导，尤其要坚持“主导—主体”教学理论的科学指导，将信息技术（以计算机及网络为核心）运用到体育教学过程中，使之成为创设良好教学环境的工具，成为激励学生自主学习的情感和认知工具，成为将丰富教学资源加以整合、将各个教学环节连贯衔接的媒介。根据教学过程最优化理论，我们要优化整个体育教学过程，从而创造聚集效应，实现对传统体育教学结构的根本性改变。这意味着要改革传统的教学模式，摒弃以教师为中心的教学形式。我们的目标是促进学生各方面素质的提升，特别是实践能力和创新素质。

（二）将信息技术融入教学

高校可将以计算机多媒体或网络科技为核心的信息媒体资源融入体育教学中，这些资源的优势在于存取信息便捷、处理信息速度快、沟通便利，而且能够从声音、光线、画面等多方面刺激教学对象的感官功能，调动学习的积极性。

在高校体育教学中，将信息技术融入教学过程中。这里的“融入”可以理解为一种教学工具，即将多媒体和网络资源等重要的教学工具应用于传授教学内容和实施教学策略的过程中。有效地运用这些教学工具，可以实现教学目标。这就要求体育教师具备一定的信息技术能力。

（三）数字化学习

在信息化时代，数字化学习方式逐渐融入人们的生活，改变了人们的学习方式和学习习惯。数字化学习在高校体育教学中同样也发挥了重要的作用。高校体育教学与信息技术的融合从某种程度上来说就是以数字化学习为核心的。体育教学与信息技术融合构成了一种新型体育教学方式，在以信息技术为基础的体育教学过程中，要重视学生学习方式的变革和优化，充分发挥学生的主体性，注重对学生实践能力、创新素养的培养。数字化学习方式在这方面起到了重要的作用。

总的来说，体育教学与信息技术的融合发展就是在体育教学过程中融入信息技术这一重要的教学工具和学习工具，从而改善体育教学过程和优化体育教学效果。传统体育教学中仅仅将信息技术作为辅助教学手段，对信息技术的认识较为局限。然而，体育教学与信息技术的融合却要求我们摆脱这种片面的认知，全面理解和应用信息技术。在此基础上，建立起信息化的教学模式，鼓励教师与学生利用信息技术资源进行探究性学习，并加强协作教学。教师在课堂上可以利用电子白板、多媒体等工具，将体育知识以丰富多样的形式呈现给学生。同时，教师还可以引导学生利用互联网资源进行独立探究和学习，培养其自主学习能力。

因此，高校体育教学与信息技术的融合发展要求我们摒弃对信息技术的片面认知，建立起信息化的教学模式。教师需要充分利用信息技术资源，引导学生进行探究性学习，并加强协作教学，以提高学生的学习效果和全面发展。

二、高校体育教学与信息技术融合发展的原则

（一）开放性原则

体育教学目标具有开放性，既面向全体学生提出共同目标，也面向不同个体提出个性发展目标，对不同个体的个性发展需要都给予尊重和重视。体育教学富有实践性，根据学生的实际情况进行教学，并受学生生活、学习环境及状况的变化影响，从而导致体育教学发生变化。

体育教学内容丰富多元，而且同样具有开放性，实施开放的体育教学内容，使学生在学习实践活动中获得丰富的学习体验，表现出个体创造性和不同的个性。体育教学方法和评价也具有开放性，体现在方法的实施环境上。体育教学评价的开放性则体现在评价指标、评价过程和评价结果方面。体育教学本身的开放性决定了其与信息技术的融合也要遵循开放性原则，要将信息技术融入开放性教学目标的制订、开放性教学内容的开发、开放性教学方法的设计及开放性教学评价的实施等各个环节中。

（二）全面性原则

体育教学要将信息技术融入其中，以全面满足师生的需求。体育教师应根据自身的教学能力、高校的教学条件和学生的实际情况，灵活地将信息技术应用于体育教学的各个环节。每个学生都是独立的个体，即使进行集体教学，也要考虑不同学生的学习能力和学习需要。针对全体学生的实际情况，应制订适合不同层次的教学目标，确保教学内容、教学方法和教学评价具有层次性和差异性，以促进全体学生的共同进步和学生个体的全面发展。

（三）实践性原则

在体育教学与信息技术的融合发展中，要深入学生的生活，了解学生的生活体验，促使学生将自己的能动性充分发挥出来，对学生的观察能力、思考能力、分析能力、探索能力进行培养，并善于激发学生的求知欲和学习积极性，使学生在信息化体育教学中对学习内容进行自主探求，主动发现问题，并独立或合作解决问题，提升实践能力。在传统体育教学模式下，教学常常以教师为中心，教师通过灌输知识的方式进行教学，学生则被动地接受。这种模式导致了教与学的分离，教学内容与学生的实际生活联系不紧密，影响了学生将所学知识应用于解决实际问题的意识和能力的发展。在信息技术背景下构建新兴教学模式，将信息技术充分融入体育教学中，改革传统教学中不合理的要素和环节，从学生的现实生活中开发教学内容资源，选择适宜的教学方法，给予学生充分发挥主体认知能力的机会，对于培养学生的智力、能力和综合素质具有重要意义。这种教学方式可以促进学生健康成长和全面发展，满足时代发展的要求，以及适应社会转型的需要。

（四）创新性原则

将信息技术融入体育教学，实现二者的深度融合与共同发展，更有助于培养学生的创新素养。在融合体育教学与信息技术发展的过程中，需要秉持创新性原则，创造一个创新的教育环境。这样可以激发学生的探索热情和创新意识，使信息化体育教学成为学生自主探索和深入实践的过程，同时也成为学生主动创造和创新的过程。

三、高校体育教学与信息技术融合发展的关键点

（一）在学习理念上整合

信息技术与课程融合发展是教育领域的重要研究方向，需要基于现代知识观

和学习观进行。现代知识观认为知识是人们主观创造的解释和假设，具有主客观统一性、相对性、情境性、社会性、工具性等特点。

现代学习观认为学习是在特定情境中，通过与学习共同体互动来建构知识意义。基于这些观点，无论是学习信息技术还是学习学科课程知识，都不能仅仅传授现成的知识和技能，而应以学生为中心，利用信息技术创设情境，提供任务、资源和工具支持，以培养学生主动建构、创造和应用知识的能力。

（二）以知识为中心的融合

我国高校在推动体育教学与信息技术融合发展的过程中大多处于以知识为中心的融合阶段。在当前的阶段，信息技术在体育教学中具有多种作用。它不仅是体育教师课堂教学中的演示工具，还是与学生进行信息交流的媒介工具，同时也能作为辅助教具来进行直观教学。利用信息技术这个教学工具，能够将理论知识或直观技能展示或演示出来。

（三）以资源为中心的融合

信息技术对高校体育教学产生了较大的影响，为学生收集资料、加工信息以及远程协作学习提供了重要的工具。

在以资源为中心的融合阶段，体育教学思想、教学设计、师生角色等都发生了明显的转变。在以资源为中心的融合阶段，体育教学注重学生的主动性，鼓励他们在教学内容上进行意义建构。教师将资源和学生置于核心地位，并设计以此为基础的教学过程。在以资源为中心的融合阶段强调教学过程中所涉及的各种资源的开放性，学生得以同时学习和获取体育和信息技术方面的知识。

学生利用信息技术手段自主搜寻丰富的学习资源，获取重要的学习信息，并对关键信息进行加工与整合，将其内化为自己的知识，这对培养学生的实践能力、探索能力及创新能力都具有重要意义。在以资源为中心的融合阶段，体育教师的角色发生了变化。他们不再是课堂中的唯一主导者和控制者，而是学生学习的组织者、辅导者和引导者。他们与学生一起合作，在以信息技术为基础的信息化教学环境中展开双向互动的教与学过程。这种教学方式有效地提高了教学效率和最终的教学效果。

（四）全方位的融合

在现代教育理论与学习理论的坚强支持下，信息技术与体育课程的融合发展正在变得更加系统、全面和细化。这一趋势将推动体育教学经历重大的变革：包括体育教学目标、教学内容与方法、教学组织形式的变革和优化。这将使信息化体育教学质量得到提升，信息技术在不同教学环节无缝地融入其中，实现全方位的融合，推动体育教学与信息技术融合发展达到更高水平的目标。这是体育教学与信息技术融合的理想阶段。

当前，为了更好地发挥信息技术在体育教学中的关键作用，实现体育教学与信息技术的更高水平融合发展，我国的学者和体育教育工作者已经做出了大量的努力。他们通过不断地探索和实验，积累了丰富的经验，并取得了显著的成就。但信息技术与学科教学的深度及全方位融合还需要漫长的探索和实践才能真正进入理想阶段，因此，高校体育教师还需继续努力，坚持探索、大胆创新，以最大程度地发挥信息技术对提升体育教学水平和质量的价值与功能。

第二节　高校体育教学与信息技术融合发展的模式

这里主要从三个方面对高校体育教学与信息技术融合发展模式进行分析。首先，对信息化教学模式进行简要分析；其次，进一步介绍信息技术与课程融合的一般教学模式；最后，从信息技术与高校体育教学融合的教学模式探索中，逐步寻得一种更加科学化和人性化的教学模式。

一、信息化教学模式

（一）教学模式的分类

在具体的教学实践中，每种教学方法都会有相应的教学思想或教育理论作为其支撑。学习内容和学习目标的不同，在一定程度上决定了教学实践活动的形式及教学过程的不同，进而会形成各种不同的教学模式。从不同的教学角度上来讲，教学模式的分类方法也存在很大的差异性，如我们经常讲的在整个教学活动中要以教师为中心、以学生为中心、教师为主导、学生为主体等各种教学模式，具体来说，这种差异性的存在主要是从教学系统关系之间的不同来讲的；班级教学、小组教学及现在比较流行的个别化的教学模式，则是根据教学的组织形式不同来进行分类的；基于“做”的教学或基于全面思维的教学模式，则是从教学目标的不同来进行分类的。在国外，乔伊斯（Joyce）等的分类较有代表性。他们将教学模式分为四类。

1. 信息加工教学模式

信息加工教学模式主要是以认知心理学有关信息力的理论为主要基础的，其重点着眼于知识的获得及智力的建构，充分把教学当作一种创造性的信息加工过程。我们完全可以按照计算机人工智能的运行规律来进一步确定教学的程序。

2. 个别化教学模式

个别化教学模式基于个别化教学理论与人本主义心理学，特别强调非理性因素在教学过程中的重要性。它体现了人本主义心理学强调人的潜力挖掘和全人格发展的主要观念。这种模式尊重学生的个性差异，关注学生的情感、态度和价值观等非理性因素，强调学生在教学中的主体地位，以及教师与学生之间的互动和合作。通过个性化的教学策略和手段，这种模式旨在激发学生的积极性和创造性，培养他们独立思考和解决问题的能力，促进学生的全面发展和自我实现。

3. 社会互动教学模式

社会互动教学模式以社会心理学的互动理论为基础，强调教师和学生间及学生与学生之间的相互影响和社会联系。它关注学生的社会性和品德发展，着眼于培养学生的社会责任感、团队合作能力和良好的道德品质。社会互动教学模式注重师生互动、生生互动，鼓励学生积极参与课堂讨论和合作学习，通过相互交流、分享和反思，促进学生的自我认知发展和自我价值的实现。同时，该模式也强调教师的引导作用，帮助学生在互动中建立正确的价值观和道德观念。

4. 行为控制教学模式

行为控制教学模式基于行为主义心理学，认为学习过程是作用于学生的刺激和学生对它做出的反应之间的联结形成过程。它侧重于学生行为习惯的控制和培养，通过建立明确的刺激和反应关系来引导学生逐步形成良好的学习习惯和行为模式。

此外，从教学意义的生成方式上划分，教学模式可以分为三类。第一类是“替代性教学模式”，即学生通过教师呈现教材来掌握现成知识的一种教学模式。第二类是“生成性教学模式”，这种教学模式主要侧重点就是建构主义学习的理论观点，认为学生的整个认知的主体，在一定程度上来讲也是知识意义的主动建构者，教师对教学意义的生成能够起到重要的帮助和促进作用。第三类是“指导性教学模式”，它是前两者的折中产物，它在前两者之间取得平衡，扬长避短，使前两者的优点相得益彰。体育教学的目标主要是运动技能的学习和运用身体练习作为手段培养学生的运动参与和社会适应能力，发展学生的身体素质和心理素质。体育教学最主要的特征是，学生在学习中的主要活动形式是身体练习。

（二）信息化教学模式的相关知识

随着信息技术在教学过程中应用的深入，信息化教学模式逐渐被越来越多的专家学者关注。信息化教学模式是指应用信息技术的教学方法和模式的总称。教育信息化在经济、科技、文化等各个领域发挥作用，是一项十分复杂的系统工程。它包括从宏观教育规划、决策、管理，学习资源、学习环境、师资培训、课程、教育科研的信息化，到微观的学习模式、教学和评价模式的信息化等教育系统的各个环节。信息化的特征是数字化、多媒体化、网络化和智能化。对于教学模式来说，信息化的特征主要表现在教学环境、教学方法、教学手段等要素上，凡是具备这些特征的教学模式都可以被称为信息化教学模式。

1. 信息化教学模式的支撑理论

教育信息化的兴起为现代教育的实施提供了得天独厚的条件，信息技术可以为学生创设较传统教学模式更多样化的、接近现实的问题情境，提供更丰富的学习资源，引导学生进行“自主、探索、协作”，更好地帮助学生个性发展和自我实现。从教学模式组成要素的角度来看，信息化教学模式与其他教学模式的区别在于教学条件的不同。如果从教学结构的角度来看，它应该归属以学生为中心的教学模式。

实际上，即使是以教师为中心的教学模式也是可以“信息化”的。这里所说的信息化主要表现为，信息技术作为教师教的辅助手段出现在教学活动中，如多媒体设备的应用。在这种情况下，教学结构没有发生变化，仅仅是教学媒体发生了变化，整个教学活动仍然是在教师的绝对掌控之下进行的。

2. 信息化教学模式流程

信息技术课程模式的最大意义在于它便于学生正确认识、学习和掌握信息技术，以此来使体育教学更加高效。在当今信息化社会的背景下，培养学生的信息技术意识和能力是符合社会发展趋势的，这是一个渐进且长期的过程，需要持续不断地进行培养。在课程整合的理念下，信息技术课程的模式会因具体操作流程的差异而展现出一定的差异。

（1）带疑探究—讲授示范—动手操作型

第一，教师要根据课程教学的目标来找到一个或几个值得探索的问题，然后将问题在适当的时机以适当的方式向学生抛出，并引导他们利用已有的信息技术找寻解决问题的方法。

第二，教师可以通过分解法，把问题分解为多个小问题，并详细解释每个小问题，还可以进行必要的问题解决示范。

第三，学生通过教师的讲解与示范开始尝试解决问题，在这一过程中如果遇到新的问题便开始思考及向教师提出问题，得到解答后再行操作，直到问题得到解决，最终掌握了知识和技能。

第四，教师评价学生的学习表现，学生之间也要进行互评。

（2）任务驱动—协作学习型

第一，教师可以根据教学内容中的重点和难点，灵活设计教学任务和目标。任务的设计要遵循由易到难、由简到繁、由外到内的原则。

第二，教师给学生布置教学任务，然后让学生自由选择自己的合作伙伴来共同协作开展研究。学生在研究学习的过程中对所获得的一切信息和资料都要注重和同伴分享，一起讨论和研究。

第三，教师要对学生的学习活动进行综合评估，重点考查学生在信息技术应用能力方面的表现。

3. 信息化教学模式的优势

与传统教学模式相比，信息化教学模式具有以下优点。

第一，信息源丰富、知识量大，有利于创设理想的教学环境。现代的教育技术手段能够为课堂教学提供非常便捷的教学环境，在一定程度上会使得信息源变得更加丰富，教师和课本不再是单一的信息源。多媒体的不断应用，不仅能够使得知识的来源变得广泛，还可以利用课件等手段，通过一些比较直观的教学方式，从视觉和听觉上充分调动学生的学习积极性，为学生提供一个良好的学习环境，使学生对知识的掌握更加牢固。

第二，有利于发挥学生的主动性、积极性。现代教育技术的发展速度是非常惊人的，尤其是逐渐引入多媒体、计算机技术和网络技术之后，教师的作用便发生了很大的变化，逐渐由原来的言传身教改变成现在的教授和培养学生获取知识的能力，教师现在的职责更多是偏向于指导学生进行探索式的学习活动，把学习的主动权交到学生手中，引导学生去积极思考，让学生处于一种启发式的学习状态中。教学媒体在一定程度上能够对学生的学习进行原则上的引导和指导，教师不但向学生传达学习的内容，而且也是学生建构知识和认知的一种对象。由此看来，这种学习方式能够更加有利于提高学生的主动性和积极性，有利于发挥学生的主体作用。

第三，互助互动，实现协作式学习。网络技术的特征非常有利于培养学生的合作精神，并且能够充分地促进高级认知能力发展的协作式学习。学生能够在网络的帮助下，通过他们之间的相互协作、相互竞争或角色之间的扮演等不同的形式来积极参加学习活动。这在一定程度上来讲，对于问题的深化理解及相关知识的掌握和现实应用具有很大的益处，并且对于学生的认知能力也是一种全面的提高。

第四，有利于培养学生的创新精神和信息处理能力，信息技术的超文本特性与网络特性之间的相互结合为进一步培养学生的信息获取、分析与加工能力创造了一个更加舒适和良好的环境。众所周知，互联网是世界上最大的知识库和资源库。在互联网上人们可以获取比书本上多得多的知识和资源，这些知识和资源是通过人们对人脑思维研究之后经过精心的整理、组织和策划之后上传的。

因此，对于学生获取一些知识具有相当的方便性和快捷性，同时对于学生培养自身的自主学习能力和自主学习技能也有比较大的益处，为培养学生的知识创新能力提供了良好的资源。

4. 信息化教学模式对教师的要求

（1）转变教学观念

转变教学观念以适应多种教学模式的要求。教师一定要学会多种教学模式，并把它们切实运用到现实教学工作当中去，不仅仅要在课堂中对学生进行知识的传授，更重要的是将学习和研究的方法传授给学生，全面树立一种“授人以鱼，不如授人以渔”的意识。

（2）更新教法

更新教法以适应学生个性化学习的要求。在信息技术条件下，教师应更加注意在不同的教学模式下组织不同的教学过程，真正起到导学的作用。

（3）提高信息素养

提高信息素养以适应现代化教学环境的要求。在一定程度上来讲，教师不仅要利用网络信息资源，还需要对网络信息资源进行仔细的研究和辨别，并进行相应的修改，在完成修改工作之后再次上传网络，最终成为信息的提供者。

（4）进行心理健康教育

进行心理健康教育，重视学生心理问题。网络的出现，在一定程度上缩短了人与人之间的时间和空间距离，但是也在一定程度上拉大了人与人之间的心灵距离。学生在逐渐习惯于网上交流的同时，难免会在与人直接交往的过程中出现一些不良的反应和现象。这会阻碍学生建立良好的人际关系，并且这种现象在高校学生中呈现出越来越严重的趋势。

因此，从这个角度出发，教师在进行教学的同时，应该充分关注学生的心理健康，帮助学生全面协调地发展，切勿在信息时代来临之时，失去原有的自我。

（三）信息技术的运用在高校体育教学中的优势

随着科学技术的快速发展，特别是信息科学和生命科学等现代科学的突飞猛进及网络技术的迅速普及，我们的学习方式、工作方式、生活方式和思维方式都在受到影响和改变，这对教育提出了严峻的挑战。在教学过程中，通过合理实时地运用多媒体技术对技术动作、文字、图像、声音等进行综合处理，可以达到理想的情境教学效果。同时，通过创新时间和空间的多维度处理，技术难度较大的动作可以更加直观形象化。这不仅能有效地减轻学生的学业负担，激发学习兴趣，还能让学生学到实处，提高课堂教学的效率。

高校体育教学是完成高校体育任务的基本途径。在教师的指导和学生的参与下，体育教学是按照教学计划和教学大纲进行的。教师通过向学生传授知识和技术，锻炼学生身体、增强学生体质，并对学生进行道德意志品质教育。体育教学与其他课程教学最大的不同点在于，体育教学是通过身体锻炼来进行的。学生通过反复练习，通过身体和思维的结合来掌握体育知识、技术和技能，同时还能锻炼身体和增强体质。在大学阶段，许多体育项目需要在室外进行。多媒体计算机集文字、图形、图像、视频等于一体，是一种全新的教学手段，它突破了校园、教室、区域乃至国与国之间的限制。

信息技术在教育中的运用虽然没有改变教育过程的实质，但它确实改变了教育过程的模式和教学问题的分析思路。信息技术已经成为体育教学中的基本组成要素。信息技术在高校体育教学中的优势主要体现在以下几个方面。

1. 改变了传统的教学环境

以往的教学方式主要是教师通过言语、肢体动作和表情向学生传授知识、技术和技能。为了激发学生的兴趣，教师需要使用具有幽默感的语言和动作，以达到一定的教学效果。然而，这种外部刺激只能在短时间内产生效果。另外，教师的性格各异，内向型教师往往难以营造轻松和谐的氛围，这导致学生逐渐产生厌倦情绪。

此外，在传统教学过程中，学生接受的刺激较为单一，如仅有教师的讲解或单一的二维动作示范。然而，通过多媒体技术，声音、图像、文字、动画等元素能够有机地结合在一起，给学生带来新奇的感觉，增强了他们的感知能力，并激发了他们的兴趣。此外，多媒体技术还可以让学生从多个角度观察技术细节，使教师的示范更加全面清晰。教师还可以通过多媒体技术，运用图片或文字来巧妙地表达平时难以用语言表达的内容，给学生以鼓励和赞扬。①

2. 有助于教师示范讲解

在教学实践中，我们常常强调重点教学和多次练习。然而，由于示范的位置和动作技术的复杂性，需要反复变换示范角度，并配以大量的语言解释，课堂效果往往不尽如人意。尤其是对于一些技术含量高且时间紧迫的项目，学生的视角都处于同一平面上，加之反应时间的差异，导致学生难以理解教师的技术示范和解说，从而增加了学生掌握复杂技术的难度。使用多媒体技术则可以弥补这些不足，如通过演示铅球投掷的动画，并进行局部放大和慢速播放，可以大大减少教师需要进行的讲解和示范工作，帮助学生更快速地掌握技术动作。

此外，多媒体技术在体育教学中发挥了重要作用，使得一些难以言传的难点和重点能够得到清晰展现，帮助学生建立正确的技术概念，有效推动他们更好地掌握技术动作，提高了教学效果、缩短了教学过程。

3. 有助于发挥学生学习的主体作用

在传统的体育教学中，通常是教师来进行授课，学生的自主学习能力得不到很好的提升。然而，借助多媒体技术，教师可以让学生自主学习感兴趣的内容，从而最大限度地发挥学生的主体作用。

此外，信息技术将电视的视听功能与计算机的交互功能结合在一起，创造了一种新的图文并茂、丰富多彩的人机交互方式，并能够立即反馈。在这个交互式学习环境中，学生可以根据自己的学习基础和兴趣来选择学习的内容，选择适合自己水平的练习，并可以选择不同的教学模式来学习。这种交互方式对教学过程具有重要的意义。

---

① 马亚军. 浅析多媒体教育技术在高校体育教学中的运用［J］. 科技信息（学术研究），2008（7）：232-233.

4. 有助于增大课堂教学的容量

信息技术将文字、声音、图像和动画集于一体，其强大的表现力不仅生动直观地呈现了学习内容，还能有效创设教材难以提供的情境。这一优势使得信息技术的综合效果得以充分展现，进一步优化了教学环境，改进了教学结构。通过融合信息技术的教学方式，学生得以接触到更多的语言实践机会，从而有效提高自身的能力。这无疑是现代教育理念的充分体现。

二、信息技术与课程融合的一般教学模式

（一）网络化的讲授型教学模式

网络技术介入教育后，一方面对传统的课堂教学产生了极大的影响，丰富了教学资源，增强了教师与学生、学生与学生交流的广度与深度；另一方面突破了传统课堂中人数及地点的限制。按照活动方式，网络化的讲授型教学模式可分为同步教学模式和异步教学模式。

（二）“情境—探究”教学模式

“情境—探究”教学模式主要适用于课堂讲授型教学中。这个模式包含以下步骤：通过数字化资源实现共享，创造一个探究学习的环境；引导学生进行初步的观察，并提出问题，使用信息表达工具来形成意见并进行发表；对展示在数字化资源中的学习情境进行指导，引导学生进行更深入地观察和探索性实践，从中发现事物的特征、关系和规律；借助信息加工工具进行意义建构；借助测评工具，进行自我学习评价，及时发现问题，获取反馈信息。

（三）协作学习模式

协作学习是指利用计算机网络和多媒体技术，多个学生针对同一学习内容进行交互和合作，以实现深刻理解和掌握教学内容的过程。协作学习模式有助于培养学生的团队精神，通过交流、协商、讨论和配合，学生能够更好地理解和掌握学习内容。

协作学习模式可以分为竞争型、协同型、伙伴型和角色扮演型四种类型。网络为协作学习提供了最好的工具，如电子白板、可视化会议系统或电子讨论室等。利用这些工具，学生可以方便地进行交流、讨论和合作，从而更好地实现学习目标。

（四）个别化教学模式

关注每一个学生的全面发展是教育现代化的重要特征，是各种现代化教学模式必须遵循的基本原则，强调学习的自主性、注重在真实环境中培养学生的各项能力等是各种现代化教学模式追求的目标。个别化教学模式就是这种现代化教学模式的一种。

个别化教学模式强调学生的自主学习和个性化发展。教师仅在关键时刻给予指导和帮助，而学习过程主要依靠学生自己的努力和探索。这种教学模式可以利用各种信息技术手段实现，包括在线学习平台、实时通信工具、在线讨论区等。教师可以进行同步指导，即通过在线交谈、语音通话等方式实时解答学生的问题，给予及时的反馈和指导。同时，教师还可以进行异步指导，即教师和学生之间用电子邮件、博客留言板等方式进行通信，教师根据学生提出的问题进行有针对性的指导。

个别化教学模式又可分为本地和远程两种形式。本地形式是由学生通过下载相应的计算机辅助教学（CAI）软件，然后在自己的计算机上运行课件，从而进行个别化学习。远程形式在目前更多地被称为“基于网络的学习”。基于网络的学习是通过一种可以非实时地进行远程学习的软件系统实现的，这个软件系统一般包括教学课件及生成工具、网上答疑、作业发布、远程考试、远程交流、学习管理等。另有专人在后端对系统进行维护，进行课件制作、考试题库整理、作业批改、将学习资源放在网上供学生浏览下载等。学生通过自己的计算机浏览器进入系统进行学习。远程形式目前又可以分为传统的和非传统的两种。前者是高校将学习环节移至网上，学生不需要踏出家门，即可享受高校提供的服务，如浏览课件、提问、与其他学生交流、参加考试等。在传统的形式中，运行教学软件的计算机扮演了教师的角色，为学生提供机械的、预先安排好的指导。其优势在于，计算机能够进行无数次的指导，毫不疲倦。非传统的形式包括各种基于网络的智能化的自主学习系统。这些系统最主要的特点是能够根据学生的学习特点，适时地为学生调整学习进度和学习策略，尽量真正地实现个别化教学。网络自主学习就是这种个别化教学的主要形式。

网络自主学习是指学生利用计算机网络提供的学习支持服务系统，自主选择认知工具、确定学习目标和学习内容，并通过可选择的交互方式主动探究学习过程，实现有意义的知识建构。它的实质是在教与学的过程中充分发挥学生的主观能动性和创造性，并在主体认知生成过程中融入自己的见解。与传统意义上的自主学习相比，网络自主学习要素发生了变化，包括学生、资源、网络学习环境、教师，这使得学习支持服务系统的范围更加广泛。为了实现有效的自主学习，学生需要良好的内部条件和外部环境支持，这样才能保持良好的学习状态和进度，并随时监测自己的学习效果。

相对于传统学习活动而言，网络学习环境具有明显的特征。网络学习环境拥有众多共享的多媒体学习资源，其学习方式更加灵活、个性化，打破了传统学习的时空限制，使得任何人都可以在任何时间、任何地点学习任何内容。然而，网络学习虽然带来了便捷，但也存在一些负面影响。网络学习中的师生、生生分离导致教师角色的淡化和教学管理的弱化。此外，网上良莠不齐的海量信息和信息组织的无序性、随机性，容易导致学生“信息迷航”和“信息超载”。

因此，网络学习环境对学生的自主学习能力，尤其是自我控制、调节等元认知方面的能力提出了更高的要求。一般来说，大学生对于学习目的和价值的理解已经具备一定的指向，学习的自觉性和主动性高于中学生，并且在学习的能力方面的个体差异较为明显，因此个别化教学模式更适合大学生的学习活动。

三、信息技术与高校体育教学融合的教学模式探索

（一）理论课的教学模式

体育教育专业的理论课内容，除所有体育人文社会学类课程和运动人体科学类课程的内容之外，还包括实践课的理论内容。大学生的价值观已经基本形成，逻辑思维占据主导地位，学习的动机相对而言已经达到较高的水平，学习的主动性较强。根据大学生的学习心理特点和知识结构特点，以建构主义学习理论为理论基础的各种形式的个别化教学模式，应该是体育教育专业理论课教学的首选。

对比体育教育专业理论课内容，结合信息技术与课程整合条件下的一般教学模式的分析可以看出，已经在其他学科中得以广泛应用的教学模式，大多可以在体育教育专业理论课内容的教学中得到满意的应用。不过，体育教育专业理论课多数具有较强的实践性，所以这些一般的教学模式应该根据具体课程教学内容的特点进行“专业化”。

在体育教育专业课程的教学实践中，这些一般的教学模式都是根据教学内容和学生特点增加或删减某些环节。例如，网络化的讲授型教学模式结合师生面对面的答疑和辅导，就会取得比其单独应用更好的效果。因为网络化的讲授型教学模式缺少教师与学生之间面对面的交流沟通，而师生之间良好的交流与沟通对取得良好教学效果有重要的作用。

（二）实践课的教学模式

技能教学是体育教育专业术科实践课的核心内容。传统的“示范—讲解—练习”教学模式被广泛应用于教学中，并被实践证明是一种行之有效的教学模式。在信息技术与课程整合条件下，我们仍然应该对此加以重视。因为这种教学模式既符合运动技能形成的特定规律，又对大学生的认知特点有一定的适用性。这时，我们需要做的就是把学生需要掌握的技能或教师自身需要做的讲解、示范等部分，进行全面的信息化。

先分析一下在传统的“示范—讲解—练习”教学模式中教学信息的传递过程。在用传统的“示范—讲解—练习”教学模式进行教学时，教师通过自身示范（或已经掌握技术的学生的演示）和图片、影视等媒体的帮助，向学生展示将要学习的运动技能。学生通过自己的视听觉接收教师的示范信息，然后经过第二信号系统的加工形成运动表象，用这个表象指挥自己的肢体模仿示范动作。这时，学生的本体感觉只是建立在对自己的模仿动作的基础上，他们并不知道正确动作的本体感觉是什么样的。在模仿练习的过程中，教师的辅导不断地纠正学生根据自己的表象对正确动作的理解而做出的动作。在这个过程中，教师及时的语言提示和帮助（如手把手地帮助学生完成动作）、有针对性的辅助练习对学生形成正确动作的本体感觉都有十分重要的作用。学生只有知道了正确动作的本体感觉，才能够正确完成动作，即正确地“建构”新运动技能的本体感觉，否则只是“照猫画虎”，并没有掌握动作要领。从以上的分析中可以看出，要让学生尽快地掌握动作要领，教师正确的示范（动作正确、示范方法正确）作用十分重要。然而，仅建立正确的表象，还只是运动技能学习的第一步，运动技能形成过程的三个阶段更多地对学生的本体感觉提出了要求。实际上，所谓“有经验的教师”的“经验”也主要体现在这些阶段。目前教师的这种能力还很难由计算机进行替代，因为其很难用语言准确描述。这也正是信息技术与术科课程深层次整合的关键技术，这个关键技术中有几个问题要解决。

首先，信息采集的问题。信息采集指本体感觉的采集，目前有两大类采集技术，一类是有接触采集，如电极刺入人体、电极贴在机体表面等，这类采集技术可以应用于部分简单的动作，如射击的举枪。但是，有接触采集的缺点是妨碍运动。另外，刺入式是有创伤的，可能会出现其他生理问题。另一类是无接触采集，即根据间接方法推算。但是，无接触采集的准确程度不高，实际应用价值不大。

其次，提示信息实现的问题。教师恰到好处的提示，如何转变成计算机能够处理并且模仿的事件。

再次，效应器的问题。信息技术与术科课程整合必须解决如何让学生的本体感觉在信息技术的帮助下自主地建构。

根据以上的分析，可以得出对传统的“示范—讲解—练习”教学模式信息化的基本思路。依据这个思路，我们构建了一个可应用技能教学的信息化教学模式，暂且将这种教学模式命名称为信息化的“示范—讲解—练习—评价”教学模式。这个教学模式的实际教学应用运行过程可能有如下两种方式。

第一，学生在没有教师的情况下进行学习，即自学。由基于 Web 的教师智能代理系统，根据学生的请求和选择提供将要学习的技术动作的示范，设置在运动场馆内的计算机通过投影或显示器呈现给学生；之后是系统为学生进行讲解，讲解的同时结合示范动作的慢速加定格重摇。如果在开始学习之前，学生向系统提供一些已经具备的技能和知识，则系统还会根据学生已经掌握的其他技术动作，结合技能迁移的原理进行动作要领的讲解；接下来系统将根据场地、器材、学生体能和技能情况给出练习方法；经过一段时间的练习后，学生将自己的技术动作录像后输入系统，系统将会对其进行评价；如果尚未掌握或出现错误，则给出继续练习的方法或纠错的方法。

第二，在有教师的情况下进行学习。此时教师的作用主要表现在辅导和帮助两个方面，如根据学生在练习时出现的问题及时给予纠正；根据掌握动作的情况提示调整学习的进度等。显然，这种情况下，学生掌握运动技能的速度会比第一种情况更快。与传统的教学模式相比，教师可以节省出讲解示范的时间用在辅导和帮助学生上；学生可以根据个人的情况及时调整学习进度，而不必跟着教师的进度走。这种教学模式的关键信息技术就是基于 Web 的教师智能代理系统。这个系统中一个重要的模块，是对来自学生的技术动作录像的识别与评判。

第三节　高校体育教学与信息技术融合发展的策略

一、信息技术在高校体育教学中的应用

（一）信息技术在高校体育教学资源中的应用

现代信息技术的发展推动了网络教学资源平台的形成，能在一定程度上改变教育资源不平衡的现状。网络教学资源平台可以弥补高校体育课程时长的不足。目前，高校体育课程的时长普遍较短，教师无法在有限的时间内将课程内容传授

给学生。学生可以通过网络教学资源进行课外自学，根据自己的兴趣选择相应的体育课程，自由选择学习时间，从而满足自身个性化发展的需求。教师通过网络教学资源可以随时获取最新的体育知识和最先进的教学方法，并通过网络课程的形式第一时间传授给学生，激发学生的学习兴趣。

另外，由于教师专业能力的专一性和自身条件的局限性，不能完美地完成所有的体育教学内容。例如，在面对面授课过程中，一些高难度的动作示范可能不够规范、连贯，导致学生无法准确掌握动作的技术特点，也无法及时解决遇到的问题。这时，学生可以通过直接观看优秀教师的教学视频学习规范的动作。网络教学视频的优点在于，可以无限次地暂停、重复和慢放动作，可以让学生更清晰地了解动作细节，针对自己的薄弱点进行反复观看和自主学习，建立起动作表象。通过自身的思考和理解，学生可以更快地掌握动作要领，提高教学效果。这种自主学习的方法更有利于培养学生的体育意识和终身体育思想。

（二）信息技术在高校体育教学模式中的应用

与传统的挂图法、示范法相比，利用终端设备为学生播放与教学内容相关的微视频的方法有着明显的优势，它更加直观、生动，对于帮助学生建立正确的动作技能表象有很大作用。使用视频软件可以将原本复杂的动作以慢动作的方式进行播放，这样学生可以更清楚地观察和理解所学技术动作，建立起正确的动作认知。利用智能设备，可以记录学生在技能学习过程中的动作，并提供即时的反馈。这样学生可以立刻观察到自己的动作并了解其中的不足之处，进而改进动作，提高学习效率。教师也可以将这些视频分享给所有学生，并进行点评，方便教师对课堂教学进行分析和调整下一步的教学内容，提高课堂教学效率。

（三）信息技术在高校体育教学管理中的应用

目前，在高校体育教学中存在着课堂内外脱节的问题，许多学生只在每周的体育课上进行运动。为了解决这个问题，教师可以利用智能运动打卡等应用软件来监督学生的运动情况。学生通过穿戴智能运动设备，可以统计每天走路的步数，并将排名结果推送到群内，作为学期成绩的一部分。此外，学生还可以利用智能运动软件分享运动经历和心得，并上传参加运动活动的照片，以相互监督和激励。通过使用这些智能设备和应用软件，学生不仅可以锻炼身体，还可以从根本上改变学习方式，主动利用网络资源进行学习探究。

高校体育教学与信息技术的深度融合使得教学资源、教学模式、教育管理甚至高校教学体系得到了全新的提升。它不仅能将课堂与课下学习联系起来，充分延展体育课堂教学，还能将高校体育与健康教育有机结合，有效优化体育教育环境，提高教学质量。但是，高校体育与现代信息技术的深度融合还有很长的路要走，这就需要体育工作者不断探索与创新。

二、高校体育教学与信息技术融合发展的措施

（一）高校层面

1. 建立网络教学平台

高校体育网络教学平台的任务与其他平台相似，主要围绕教学、科研和自主学习展开工作，同时还要承担宣传本校和宣传体育锻炼的任务。为了提高体育教学的质量和水平，我们需要充分发挥“互联网 +”的作用。然而，目前的体育网络教学平台还处于起步阶段，需要各级领导和管理人员在思想和行动上给予高度重视。只有通过不断改进和完善，才能更好地满足学生的需求，提高体育教学的效果。

（1）高校体育网络教学平台的目标

高校体育网络教学平台的目标应该分为外部目标和内部目标两个方面。外部目标是向外宣传高校体育，让公众更好地了解高校体育的现状。平台应提供丰富的体育信息资源，满足全民日益增长的运动锻炼和体育信息需求，为全民健身提供支持。内部目标则是为高校体育教学、科研和训练工作提供服务。平台应为高校的师生提供更好的体育指导和便捷服务，推动体育事业发展。

高校体育网络教学平台的目标定位非常重要。在网络化教学环境下，教师和学生能够共享和传播教学资源。同时，高校体育网络教学平台也为学生提供了自主学习的机会，能够提高网络教学的效率。

因此，各高校的体育部门应根据自身的优势，不断完善体育网络教学平台，丰富网络教学资源，建设精品开放课程，提高网络课程教学质量，并建立专业的学术资源库，实现网络资源的共享。

（2）高校体育网络教学平台的功能

高校体育网络教学平台的目标是为学生的健康生活提供服务，其主要功能是将网络化学习与体育学科相结合，以满足学生自主学习的需求。体育学科的网络教学平台应充分利用网络教学的开放性、交互性和共享性优势，为学生提供丰富的体育网络学习资源，并为学生创新体育学习方式提供支持。高校体育网络教学平台旨在构建全新的思路，推动构建 21 世纪终身体育教育的开放式教学模式。

对于学生而言，高校体育网络教学平台能够为所有希望获取体育知识和信息的学生提供学习机会与平台。学生可轻松浏览平台，实时了解体育动态和最新发展。此外，他们还可以通过平台获得体育专家、健身专业人士和专业运动员的指导，实现由知识传递向学生创新精神和自主实践能力培养的转变。

（3）高校体育网络教学平台的内容

第一，体育信息资讯模块。体育信息资讯模块的主要功能是整合网络上及本校最新、最前沿的体育资讯和体育活动资源。通过将各大体育网站的体育资讯发布在此模块中，教师和学生可以轻松获取最前沿的体育资讯。此外，该模块还可以提供体育赛事的精彩视频和集锦，供师生欣赏。同时，还要公布本校的体育新闻、赛事信息、阳光体育成绩等。

体育信息资讯模块的服务效果在于帮助学生了解国内外体育新闻和最新动态，将学生与外部世界紧密相连，使学生能够更好地融入体育文化氛围；激发他们对体育运动锻炼的兴趣和积极性，丰富他们的业余生活，并促进大学生的身心健康发展。

第二，体育教学模块。体育教学模块是体育网络教学平台的核心，旨在辅助高校体育教学并展示相关资源。该模块包括课程介绍、教学教材、多媒体课件、精品课程、直播教学等。教师可将自己的课程资料上传至该模块，供学生进行课前预习和课后复习，提升自主学习能力。

多媒体课件可弥补教师在教授高难度动作时的不足。教师年龄和专业水平的不同，使得对有些项目的高难度动作难以直观地展示动作细节。利用多媒体课件进行动画展示可以让学生更清晰地理解和掌握动作要领。另外，通过直播教学，可以实现远程课程学习，并与其他高校共享资源。

体育教学模块的服务效果在于激发学生对体育学习的热情，满足学生的实际需求。这符合现代教育改革的要求，能推动新时代高校体育教学的发展。同时，节省教学资源、硬件设施和成本，实现资源共享。

第三，体育医疗与运动保健模块。体育医疗与运动保健模块涵盖了体育医疗小常识、运动锻炼的常见突发状况、运动损伤的预防和处理措施及运动后的恢复治疗等内容。例如，运动损伤的预防和处理措施主要包括擦伤、挫伤、软组织损伤、肌肉拉伤、韧带拉伤、脱臼、骨折、休克等的预防和处理措施。

体育医疗与运动保健模块的服务效果在于为学生提供更多关于常见运动损伤及后续处理措施的信息，给予他们更多的指导和建议。通过这个模块的学习，学生可以增强自我保护和对他人安全关注的意识。

第四，健康饮食模块。健康饮食模块是为了帮助大学生解决饮食不规律等严重损害健康的生活习惯问题，而专门定制的模块。该模块旨在引导大学生养成健康的生活习惯，主要涵盖合理膳食搭配、垃圾食品的成分及危害、选择健康食物的注意事项及各成长阶段的营养均衡搭配等内容。

健康饮食模块的服务效果在于为学生提供合理的膳食搭配建议，减少盲目和不健康的饮食习惯，并得到良好生活习惯的引导。此外，该模块还设有回复和交流功能，能够为学生提供一个交流分享的平台，以互相监督和促进良好生活习惯的养成。

2. 完善基础设施建设

高校在体育教学信息化方面扮演着决定性的角色。因此，根据高校自身情况和体育课程教学安排，我们应该增加资金投入比例，引进最新的信息技术，并完善相应的配套设施，这样才能更好地推动体育教学的现代化，提高教学质量和效果。完善基础设施建设主要从以下两个方面分析。

第一，除加强计算机和网络硬件投入外，我们还应该提高技术支持力量，确保计算机网络设备的有效运行。因此，各教育行政部门和高校应当转变教育观念，认识到现代教育发展的趋势，强化计算机网络等硬件设施的建设，为计算机辅助教学奠定物质基础。同时，对于已具备的网络设备，我们也应当提升技术支援能力，使其发挥应有的作用。

第二，在硬件设施方面，我们应该提供可行的设备，以量力而行为原则，力求实用和可行。一方面，高校可以实施全面规划，设立逐年实现的目标，并使用自筹资金来购买所需的硬件设备。在建设过程中，我们必须考虑到体育教学的独特性，确保硬件设备能够完全满足体育教学的需求。另一方面，我们可以通过高校、社会等多方合作的形式来进行硬件设施的建设。通过联合力量，我们可以更好地满足高校体育教学的信息化需求。

3. 加强教师的信息技术培训

在 21 世纪，现代教育技术的广泛应用正在引发一场教育革命。为了提高教育信息化的实效性，推动其持续发展，教师需要不断提升自身的信息技术素养。

通过培训，我们可以提升全体教师的信息技术理论水平，并引导他们更新信息技术与体育学科的整合理念。这样，大部分教师将能够正确使用常规电教媒体，编写符合教学需求的电教教材。此外，他们将能够综合运用现代教育技术理论和教学原理进行课堂教学设计、优化教学过程。

此外，通过培训，广大中青年教师将能够灵活运用计算机辅助教学。同时，我们还将注重提高教师的信息技术道德素养，使他们能够更好地适应信息时代的教育要求。高校为教师提供必要的支持和培训，能够使他们在信息时代的教育中更加自信和有能力地应对挑战。同时，有效整合信息技术与体育学科，有助于提升体育教育的质量和效果。

（二）教师层面

目前，信息技术与课程教学融合的主要表现可以概括为以下几个维度：一是从横向上来看，在课程教学中使用了技术上较先进、功能较强的信息技术；二是从纵向上来看，在课程教学中通过切实有效的方法和策略来使用信息技术；三是从学生的成长和发展角度来看，信息技术在课程教学中的使用能够显著提高学生的高层次能力。

认识了信息技术在课程教学中应用的不同维度和层次后，教师在开展教学设计时就要有意识地思考信息技术在课程教学中的功能和作用，认真地回答为什么要用信息技术、要用什么样的技术、要怎样有策略地使用技术，从而让信息技术与课程教学真正地融为一体。

1. 改变教学方法

第一，在课程教学中使用技术较先进、功能较强的信息技术。从教育媒体发展的历史来看，已有的技术手段在教学中尚未得到充分应用，新的技术又以令人应接不暇的速度不断产生。新的技术往往具有新颖的功能并意味着会带来更大的信息量，但这些新颖的功能是否是教学所需要的还有待商榷。

另外，在教学中增加信息量，对学生习得知识和技能而言，未必总是起到积极作用。信息技术最大的优势在于扩大了教学中信息资源的来源及形式，从提升学生信息素养的角度出发，获得信息仅仅是开始，对信息的分析、加工、存储、发布等才更为关键，因为这些环节才是提升学生能力和素质的重要步骤。学生具有较强的能力和素质的一个衡量指标，可以是学生对获得的信息、发生的事件或要解决的问题不只可以做出知识性判断，甚至可以做出方法性判断和价值性判断。

在探讨信息技术与课程教学的整合时，首先需要明确信息技术与课程教学之间的关系。课程教学是主要的，信息技术则是辅助工具。信息技术的主要作用是帮助提高教学效果和效率，支持学生的学习和教师的工作。如何利用信息技术更好地实现教育目标、提高高校运作效率，以及在教师培训中发挥恰当的作用，这些都是以对教育问题的关注为主导的，而不是以技术的更新换代为主导的。

第二，在课程教学中通过切实有效的方法和策略来使用信息技术。将信息技术真正融合到课程教学过程中的各个环节，针对课程教学中的重点和难点问题，充分发挥信息技术所具有的信息量大、交互性强、可扩展性高等特点，使信息技术的使用有计划、有策略、有章法，才不会割裂信息技术与课程教学之间的关系。从教学设计的角度出发，教师需要更加注重信息技术的应用策略，在充分分析所能获得的各种技术性能的基础上做出明智的选择，使信息技术在课程教学中的出现成为自然而然的事情。

第三，信息技术在课程教学中的使用能够显著提高学生的高层次能力，从学生的发展和成长角度来看，教育的最终成果应体现在学生素质的提高上。然而，素质不能直接传授或传递，它必须建立在知识和能力的基础上。在这其中，知识又是能力的基础，虽然信息包含了知识，但信息并不等同于知识。

换句话说，教育教学所追求的素质目标只能通过学生的知识和能力作为媒介来体现。如果信息技术与课程教学的融合仅停留在为课程教学带来大量信息的层面，那么这种融合是表面的；相反，如果这种融合在知识、能力甚至素质层面发挥了作用，那么这种融合就是深入的。

事实上，信息技术应用于学生发展和成长的每一个层次，也可以是有深度的。不能将信息技术与课程教学的整合简单地理解为只有直接提升学生素质的教学才是有深度的。针对课程教学需要传递的知识，通过信息技术的应用来进行全方位的展现也是整合的一种体现。在某种程度上来看，单纯使用某一种模式并不能充分发挥信息技术的作用，并且不能轻易地达到教学的预期效果。

因此，混合式学习在近年来得到了广泛关注。教学的本质是师生之间教育信息的流动，为了促进学生对所学内容的理解，获取更多关于学习内容的信息是必要的，学生掌握的关于学习内容的信息数量及类型对于他们更好地掌握事物和现象的特征有很大帮助。教学现实令人不满意的状况和信息技术与课程教学不能整合主要是源于教师仅仅通过信息技术获取信息并利用信息技术将信息进行了呈现，很多信息尚未转变为学生的知识。

将信息技术与课程教学整合后，学生面对现实问题或不同于学习情境的复杂问题时，就可以对获得的信息不仅进行事实性、知识性判断，还能够进行价值性判断。信息化成为当今时代的基本特征，以信息技术为主要代表的教育技术手段和方法与教育进行了持续的整合、融合的尝试，但教育并没有因此而发生预期的深刻变化。

2. 树立教学目标

第一，寻找有利于信息技术切入的知识点。信息技术与体育教学的融合并非只是简单地在体育教学中应用信息技术，而应该从有利于信息技术切入的知识点着手来开展体育教学。在体育教学中，有很多知识点可以运用信息技术来进行揭示、阐述、归纳和总结等教学工作。教师利用现代信息技术进行有效教学，可以提高教学效率。

第二，利用信息技术提供实践学习环境，培养学生感知力。由于某些体育教学内容受到条件限制，无法或无须让学生亲身经历，因此教师可以通过运用信息技术来创造一个虚拟的学习环境，使学生能够身临其境地学习，并积极主动地构建学习经验。这种方法可以帮助学生更好地参与学习、提高学习效果、尽快掌握动作要领。

第三，运用情境因势利导，激发学生学习兴趣。学生对体育课的兴趣和态度在很大程度上决定了体育课的成功与否。通过将体育教学与信息技术进行有机融合，创造具有信息化特征的教学情境，可以有效地激发学生的学习兴趣，吸引他们的注意力，从而提高教学质量和效果。当学生在具有信息化特征的教学情境中产生好奇心和求知欲后，教师可以巧妙地引导学生思考问题，并在合适的时机提出学习问题。这样，学生可以在信息化教学条件下积极参与讨论和解决问题，进一步提升他们的学习效果。

第四，培养学生自主探究学习的意识与能力。体育教学与信息技术的融合为学生自主学习创造了较为自由和宽松的学习平台与环境。体育教师会根据学生的实际情况来选择适合的教学媒体，并以信息化的方式向学生呈现和传授教学内容。在教师的指导和帮助下，学生可以在宽松自由的学习环境中自主学习。他们不仅学会了检索、加工、吸收和应用信息的技巧，还能将有价值的信息运用于解决学习问题。这有助于培养学生的独立自主能力、自主学习能力及探究实践能力。

第五，培养学生协作学习的意识。协作学习与探究不仅能够使学生掌握体育知识和技能，还能对学生的协作能力与社会适应能力进行培养。协作学习的形式多样，有分工合作解决同一问题的方式，也有在专题学习论坛上进行讨论的方式。学生可以各自发表自己的见解，发挥自身的优势，同时也要倾听他人观点。这种形式，不仅能让学生进一步深入理解问题、高效解决问题，还能提升学生高级认知能力，并且有助于学生建立良好的人际关系。

3. 合理运用多媒体技术

多媒体技术和网络技术给人们的生产、生活、交往、学习和思维方式等方面带来了前所未有的变革。这种变革同样深刻地影响了体育领域，对体育教学产生了巨大的冲击。随着现代媒体技术在高校体育教学中的广泛应用，媒体在体育教学中的重要性日益突显。它通过影响体育教学的各个方面，增强了教学效果、提高了教学效率。

体育教学媒体是指为了达到体育教学目的，在体育教学过程中用来携带、传递教学信息的工具。这些工具可以存储、表达、传递和传播体育教学信息，并且可以在体育教学过程中被人选择、控制和操作使用。常见的体育教学媒体是视听媒体和交互媒体，具体包括视频、动画和计算机交互媒体等。下面简单介绍几种常用的体育教学媒体。

（1）数字视频媒体

体育教学和体育运动是一个动态的过程。因此，作为一种能够记录和重放动态过程的工具，视频非常适合用于体育教学。在许多高校体育教学环节中，教师需要让学生掌握传统的动作技能套路，并能够在此基础上灵活地应用和创造新的动作技能。视频可以为学生提供反复观看和学习的机会，帮助他们更好地掌握动作技能，并能够促进他们的创新思维和灵活应用能力的发展。在这个过程中，视频演示和动作分解具有非常好的效果。

在体育运动中，许多运动技术的结构复杂，有些甚至需要在瞬间完成一系列复杂的动作（如体操的翻滚、单杠的回环等），而且这些动作是非常态的，即日常生活中并不会经常使用的运动动作，这给教学带来了极大的挑战。传统的体育教学方式是基于教师示范进行讲解，但学生很难清楚地观察和理解，而且教师自身的动作规范程度和水平也会影响学生的学习效果。

利用数字视频技术，我们不仅可以选择专业运动员来录制动作标准规范的教学视频，还可以进行重放、慢动作、暂停等操作。这使得教师能够分解动作要领进行讲解，抓住动作的关键部分，突出重点和难点，帮助学生清楚地看到每个瞬间的动作技术细节，使学生能更快、更全面地掌握动作的要领，提高认知阶段动作学习的教学效果。

（2）数字动画媒体

在讲解一些高难度动作的过程中，仅仅依靠传统的教学手段，如挂图展示或教师的动作示范讲解，往往无法达到理想的效果。为了解决这个问题，可以利用动画中的移动、旋转、定格、慢速播放、闪烁、色彩变化等效果来配合同步的解说，从而增强教学效果。例如，在讲解技术动作时，可以利用动画的移动、旋转和定格来演示运动的轨迹、动作过程及身体各部位的空间位置。

另外，以铅球投掷动作为例，通过使用动画，可以将动作局部放大并以慢速播放的方式展示，这样可以省去教师大量的讲解和示范时间，使学生在短时间内掌握动作的细节。同时，可以省去多余的复杂内容，直接突出技术要点。在某些项目的教学中，采用多媒体动画辅助教学可以让体育教学中的重难点清楚地呈现出来，帮助学生较好地掌握技术动作，提高教学效率。

（3）多媒体交互课件

一个精心设计、内容丰富、结构合理、层次分明的优秀课件，可以大大提高学习效率和效果。例如，可以将平面、简单的教学资料通过多媒体计算机进行综合处理，利用其交互式特点来展示。通过使用文字、图片、动画、影像等多种媒体资源，可以合理地呈现教学内容，并创造逼真的教学情境，从而激发学生的积极性。

参考文献

[1] 王同亿．英汉辞海（中册）[M]．北京：国防工业出版社，1990.
[2] 蔺新茂，毛振明．体育教学内容论 [M]．北京：北京体育大学出版社，2014.
[3] 张胜利，邢振超，孙宇．高校体育教学与科学训练 [M]．北京：九州出版社，2015.
[4] 郭道全，魏富民，肖勤．现代高校体育教学概论 [M]．北京：中国商务出版社，2015.
[5] 周怀玉．未来高校体育教师必备素质研究 [M]．长春：吉林文史出版社，2017.
[6] 任婷婷．高校体育教学管理改革与模式构建 [M]．长春：吉林大学出版社，2017.
[7] 吉丽娜，李磊．高校体育教学与训练理论实践探究 [M]．北京：地质出版社，2017.
[8] 谷茂恒，姜武成．高校体育教学评价体系的构建 [M]．北京：航空工业出版社，2017.
[9] 张伟，孙哲．体育教学功能解析与实现途径研究 [M]．北京：中国商业出版社，2017.
[10] 刘锦．现代体育教学体系的建设与发展研究 [M]．北京：中国书籍出版社，2018.
[11] 辛娟娟．运动技能与体育教学 [M]．北京：九州出版社，2018.
[12] 宋军．高校体育保健课与体育教学 [M]．成都：四川大学出版社，2018.
[13] 杨明强．学校体育教学理论与实践研究 [M]．武汉：武汉大学出版社，2018.
[14] 畅宏民．我国高校体育拓展训练的教学体系构建与模式创新研究 [M]．沈阳：东北大学出版社，2018.

[15] 史振瑞．移动健康和智慧体育：互联网＋下的高校体育革命 [M]．天津：天津社会科学院出版社，2018．
[16] 王丹．体育教学的理论与实践探索 [M]．北京：北京理工大学出版社，2019．
[17] 刘伟．高校体育教育创新理念与实践教学研究 [M]．北京：九州出版社，2019．
[18] 李志伟，冯强明．现代高校体育与健康教程 [M]．天津：天津大学出版社，2019．
[19] 张京杭．高校体育教学方法实践探索 [M]．北京：现代出版社，2019．
[20] 郝英．高校体育教学俱乐部的组织与设计 [M]．北京：九州出版社，2019．
[21] 李利华，邢海军，谢佳．体育教学思维创新与运动实践研究 [M]．南昌：江西高校出版社，2019．
[22] 秦丽，王园悦，夏丹．体育文化建设与高校体育教学模式研究 [M]．北京：中国纺织出版社有限公司，2019．
[23] 薛永胜，杨莎，刘尚武．有效体育教学理论体系的构建与教学实践研究 [M]．长春：吉林科学技术出版社，2019．
[24] 蒿彬．现代体育教学多元理论与实施路径研究 [M]．北京：中国书籍出版社，2019．
[25] 曹秀玲，冯晓玲．我国高校体育公共服务体系构建研究 [M]．银川：宁夏人民教育出版社，2019．
[26] 高立群，王卫华，郑松玲．素质教育视域下大学生体育教学改革研究 [M]．长春：吉林人民出版社，2019．
[27] 周丽云，刘朝猛，王献升．高校体育教育理论与项目实践教程 [M]．北京：中国书籍出版社，2020．
[28] 张建梅．高校体育教学与大学生体能训练 [M]．长春：吉林科学技术出版社，2020．
[29] 刘景堂．高校体育教学改革研究 [M]．北京：中国纺织出版社有限公司，2020．
[30] 张鹏．高校体育文化教育与运动研究 [M]．长春：吉林科学技术出版社，2020．
[31] 朱明江．新时代高校体育教学理论解析与模式创新研究 [M]．北京：中国水利水电出版社，2020．

[32] 金俊．体育教学方法及教学技能探究 [M]．北京：研究出版社，2020．
[33] 曹垚．立德树人视域下高校体育类专业健康教育及教学质量监控机制研究 [M]．长春：吉林出版集团股份有限公司，2021．
[34] 张仕德，朱有福，庞春．高校体育管理理论与实践研究 [M]．长春：吉林人民出版社，2021．
[35] 陈兴雷，高凤霞．高校体育教育与管理理论探索 [M]．天津：天津科学技术出版社，2021．
[36] 施小花．当代高校体育教育理论与发展探究 [M]．长春：吉林人民出版社，2021．
[37] 谢萌．高校体育文化教育研究 [M]．吉林：吉林人民出版社，2021．
[38] 王红．高校体育课程俱乐部模式创设与管理 [M]．天津：天津科学技术出版社，2021．
[39] 雷东涛．高校体育文化理论与实践研究 [M]．长春：吉林出版集团股份有限公司，2022．
[40] 聂丹，李运．体育强国视域下高校体育教学创新研究 [M]．长春：吉林大学出版社，2022．
[41] 卢元镇，马廉祯．追逐奥林匹克的精神：读《奥林匹克宪章》[J]．体育科技文献通报，2006（9）：74．
[42] 汪英．“健康第一”指导思想下体育教学评价体系及发展趋势研究 [J]．湖北体育科技，2007（1）：116-117．
[43] 刘庆生．新型体育教学模式探讨 [J]．中国科教创新导刊，2008（18）：237．
[44] 洪春斌．浅谈体育教学中“自觉积极性原则”[J]．黑龙江科技信息，2008（24）：162．
[45] 毛启霞．民族传统体育融入师范院校公共体育课程内容的研究 [J]．阴山学刊（自然科学版），2013，27（3）：37-40．
[46] 顾云芳．体育教学的教育性研究 [J]．体育科技，2013，34（6）：156-157．
[47] 董奇．信息化浪潮下职业教育教学模式的嬗变［J］．江苏教育，2013（8）：25．
[48] 吴建平．高校健康体育教育改革浅析 [J]．陕西教育（高教版），2013（12）：66-67．
[49] 朱平，王家伦．语文教学，请挣脱“模式”的缰绳［J］．语文知识，2015（8）：37-39．

[50] 孙新，荣爱军. 教学“新模式”引领优质课堂［J］. 考试，2015（35）：74.
[51] 关超. 高校体育课程俱乐部式教学探究 [J]. 当代体育科技，2017，7（29）：77，79.
[52] 何杜萌. 困境与发展：高校学校体育体系的建构与实践探析 [J]. 四川体育科学，2019，38（1）：115-118.
[53] 刘东起. 大学体育教学改革中存在的问题及对策 [J]. 当代体育科技，2019，9（4）：112，114.
[54] 陈方煜. 高校体育教学改革中的问题与对策：评《高校体育教育发展情况分析与改革研究》[J]. 中国高校科技，2019（增刊 1）：142.
[55] 廖萍. 信息技术时代下体育教学变革的传播学审视［D］. 武汉：华中师范大学，2015.